中公文庫

イエス伝

若松英輔

中央公論新社

イエス伝†目　次

凡例

・聖書の引用はフランシスコ会聖書研究所訳注『聖書——原文校訂による口語訳』（中型版、サンパウロ、二〇一三年）による。聖書の各文書名、人名・地名の表記も同書に従った。

・聖書の引用には章と節の番号を添えた。例えば、「「マタイ伝」2・16」は「マタイ伝」2章16節を、「「ルカ伝」7・12〜15」は「ルカ伝」7章12節から15節までを示す。

・引用文中の括弧のうち、（ ）は原文にあるもの、〔 〕は引用者が補ったものを示す。

イエス伝

マリアはイエスのおられる所に来ると、イエスを見るなり、足元にひれ伏し、「主よ、もしここにいてくださったなら、わたしの兄弟は死ななかったでしょうに」と言った。イエスは彼女が泣き、一緒に来たユダヤ人たちも泣いているのを見て、心に憤りを覚え、張り裂ける思いで、「ラザロをどこに置いたか」とお尋ねになった。彼らは、「主よ、来て、ご覧になってください」と言った。イエスは涙を流された。ユダヤ人たちは、「ああ、何とラザロを愛しておられたことだろうか」と言った。しかし、中には、「目の見えない人の目を開けたこの人も、ラザロを死なせないようにはできなかったのか」と言う者もいた。

（「ヨハネによる福音書」11・32〜37）

第一章　なぜ、イエスは生まれたのか

クリスマスには各地でイエスの誕生を祝う。だが、最近の聖書学の研究によれば、彼が生まれたのは十二月ではなく、春から秋にかけてではなかったかとされている。

古代ローマ時代の十二月二十五日は、人々が太陽神を祝う日だった。暦《こよみ》の上では冬至に近く、日は短く、世は光を求めている。キリストこそ内なる光であるとされ、いつからかこの祝日がイエス降誕の日になった。

イエスは生年も没年も正確には分からない。西暦もイエスの誕生を基点に定められたのだが、現在では四、五年の誤差があるというのが定説である。生まれたのは紀元前四年頃、十字架上で死んだのは紀元三〇年頃であると考えられている。

イエスの生涯を考える上で第一資料となるのは、新約聖書、それもマタイ、マルコ、ルカ、ヨハネの四つの福音書である。しかし実はこれらのいずれも、イエスの軌跡を再構築するには最適な資料ではない。というのは、書かれた目的がイエスの生涯を記録するためではなかったからである。

福音書が書かれた当時、今日のようなキリスト教という確固たる「宗教」は、まだ存在していない。四つの福音書は、特定の個人によって書かれたのではなく、点在していた別々の信仰共同体によって形づくられた。聖書記者と呼ばれる福音書の制作者の意図は、イエスの伝記的事実の記録ではなく、共同体としての信仰表明だった。むしろ、原始キリスト教団は、個としてのイエスの生涯の細部には、ほとんど関心を示さなかったといってよい。

福音書の成立時期が、イエスの死から数十年が経過してからだったことも、伝記的資料になりづらい要因になっている。紀元六六年から七〇年にローマ帝国とユダヤ民族の戦争であるユダヤ戦争が起こる。この戦争においてユダヤ民族は、壊滅的といってよい打撃をこうむった。八十年間を費やして築いた、民族と信仰の象徴であるエルサレムの神殿が破砕されたばかりでなく、ローマは、ユダヤ人を民族的にも根絶やしにしようとした。長く続いた争いの中、人々は、何度も世の終わりを考えただろう。福音書には、この戦争をめぐる終末期的時代背景が色濃く影を落としている。

新約聖書のほかにも、自らもユダヤ戦争に従軍したユダヤの歴史家フラウィウス・ヨセフス（三七頃〜一〇〇頃）の著作『ユダヤ古代誌』にイエスを思わせる人物の記述がある。だが、ヨセフスもイエスの没後の生まれであり、彼の著作の成立時期も一世紀の後半で福音書のそれと大きくは変わらない。

　生前のイエスに出会った人々による直接の記録は残されていない。イエスが語られている文書として、もっとも古いのはパウロの書簡である。だが、パウロもイエスの弟子たちには会っているが、イエス本人を知らない。彼がダマスコで「見た」のは、十字架上で死に、そして復活したイエスだった。

＊

　ともあれ私たちは、資料的にイエスの「伝記」を書くに十分な情報をもっていない。だが、歴史的人物としてのイエス――「史的イエス」――の実在まで疑うには及ばない、というのも今日の識者に共通の見解である。それればかりか、近代に限ってみても、彼は、その生涯をもっとも頻度高く語られる一人であり続けている。表現の形式も、言語による記述だけでなく、音楽、絵画、装飾、造形など領域が無尽に広がるのを見れば、その影響がいかに強く、また深いかが分かるだろう。イエスの生涯には、立場の差異を超え、作り手の衝動を著しく刺激する何かがある。

　今、この原稿を書いている机の上だけでも、文字通り『イエスの生涯』と題する書物が数冊ある。それらの著作の書き手は、聖書学者や宗教者ばかりではない。小説家も哲学者もいる。書棚には、意識せずに買い集めた同種の書籍がその数倍になっていて、改めて類書の量に驚かされる。あるいは、『イエス伝』『イエスの生涯』と銘打っていなくても、聖書研究のかたちをとりながら、内実は「イエス伝」であるといった場合もある。著者の国籍もさまざまだ。キリスト教が広まったそれぞれの地域には、さまざまなイエス像がある。ときに記述には著しい差異があり、それらを比べるとほとんど別な人間であるようにすら感じられる。

　その一方で、優れたイエス伝においては必ず、「ナザレのイエス」という一個の人間の生涯の探求に留まらず、書き手が内包する根本問題が同時に描き出されるのは興味深い一致である。アフリカでの医療活動で知られるアルベルト・シュヴァイツァーは、優れた医師であると共に秀でた神学者だった。医師としてアフリカへ渡らず、思想家としてだけ活動したとしても、彼は歴史にその名を残しただろう。そんな彼にとって、文字通りのライフワークだったのがイエス伝の執筆だった。

若き日に彼が書いた著書『イエスの生涯――メシアと受難の秘密』は、題名通りイエスの死、「受難」をめぐって記されている。受難とは、神の子であるイエスが、時代の権力によって裁かれ、十字架上で死ぬまでの道程を意味する。シュヴァイツァーも、「原始キリスト教はイエスの生涯そのものにたいしては無関心であった！　原始キリスト教の信仰は、イエスのメシアであることはイエスの復活にもとづいているのであって、かれの地上の活動にもとづいているのではなかった」（『イエスの生涯』波《は》木《き》居《い》齊二《せいじ》訳）と、原始キリスト教団のメシア観が、イエス個人に向けられていないことに注目する。

さらに彼は、この著作を書くことで、原始キリスト教団以来の認識の欠落を埋める、といわんばかりに、イエスが生まれた意味を端的にこう記す。「イエスの使命は神の国を実現することであった」。イエスの生涯をたどるとは、「神の国」とは何かを問うことである、というのである。

＊

イエス伝には、どういう形式であれ、作者の信仰への態度が現れる。そこには信仰告白だけでなく、宗教的信仰には与《くみ》しないという態度も含まれる。

信仰がなければ、真に聖書を読むことはできない、あるいは信仰がない者にはイエスは分からない、という意見がある。そうした声は、いつも信仰者の側から発せられる。果たしてそうだろうか。

聖書を読み、魂を震わせた人は、キリスト教信者の何倍も存在している。信仰が聖書読解における不可欠の条件であるなら、聖書とは限られた人々に向かってのみ記された言葉の集積に過ぎなくなる。

だが、キリスト教が生まれたとき、世界は、キリスト者以外の人々で満ちていた。福音書は、異教徒のためにも書かれたのではなかったか。福音書に描かれているイエスは異邦人を招く。彼自ら異邦人の中に行く。信仰を、聖書に近づく絶対条件にしようとする論理は、かえって福音書の精神をゆがめているように感じられる。

信仰とは、超越者への絶対的畏敬《いけい》だが、それは必ずしも教義に同意することを意味していない。事実、イエスを論じるのは、宗派的な「信仰」をもっている人ばかりではない。たとえば田川建三《たがわけんぞう》のように、信仰者とははっきりと一線を画した新約聖書学者もいる。「キリスト教というものは、こうしていつも、イエスの頭をとびこして、ユダヤ教のイデオロギーを継承する」（『イエスという男』）というように、田川にとってキリスト教とは、イデオロギーとしてのユダヤ教を継承する「宗教」である。「イエスの頭をとびこして」とあるように、彼は「キリスト教」の世界からの視座では、イエスの本当の姿は見えてこないと考えている。

二〇〇七年、仕事で関西へ行ったとき、偶然、田川の講演が行われている会場を通りかかった。開場のまぎわだったので、文字通り、その集まりに紛れ込んだ。

はじめて聞く田川の話は、書物とは違った趣があった。だが、彼の話に劣らず印象深かったのは聴衆の真摯《しんし》な姿である。

おそらく二百人以上はいたと思う。キリスト教の教義にはいっさいふれない田川の話を、彼らは食い入るように聞いている。人々は重要な何かがあることを敏感に感じ取っているように思われた。イエスの生涯には、どこまでもキリスト教の枠から論じるだけでは見えてこない領域がある。キリスト教とは別な視座からでなくては垣間見ることのできないイエスの姿があることを、彼らは本能的に嗅《か》ぎ取っているように感じられた。

　イエスはキリスト教徒ではない。キリスト教は、イエスの没後に生まれた。歴史的にも、信仰的にも、イエスの生涯を論じるとは、キリスト教成立以前の世界を問うことになる。キリスト教の教義、あるいは神学によってだけで、イエスを把握しようとしてもおそらく成功しない。

　師の生前、弟子たちは、イエスが宗教的な救世主であることを理解できなかった。パウロと同じく、弟子たちに真に信仰の火が灯《とも》るのは、彼らが「復活のキリスト」に出会って以後である。生前のイエスが人々に語りかけたとき、彼らは、すべて非キリスト教徒だったことを思い出そう。イエスに出会うとは、私たちもまた、聖書に描かれた人々のようにひとたび「キリスト教」の彼方で生きてみる、ということであるかもしれないのである。

　新約聖書学者佐藤研《さとうみがく》はイエスを考えるとき、原始キリスト教団の観点からではなく、「ユダヤ教イエス派」という視座から眺めてみる必要がある、と問題を提起する。ユダヤ教には福音書にしばしば出てくるファリサイ派、サドカイ派のほかにもエッセネ派など諸派があり、そのどれにも当てはまらない「イエス運動」を「ユダヤ教イエス派」（『はじまりのキリスト教』）としてとらえてみる、という。

たしかに、「ナザレのイエス」は、ユダヤ社会に生まれた。だが、彼はしばしば、平然とユダヤ教の戒律を破る。ユダヤ的霊性から見ても、イエスは明らかに異端者だった。イエスの生涯を追う者は、さまざまな場面で彼が、ユダヤ教ばかりかキリスト教的世界の掟をも打ち破っていく姿を見ることになる。イエスは、ユダヤ教の世界には生きていない。もちろん、キリスト教の世界にもいない。むしろ、福音書のイエスは、いつの時代の「キリスト教」をも批判する。誤解を恐れずにいえば、イエスを論じることは、宗派としてのキリスト教ばかりか、「宗教」それ自体を逸脱、解体することを志向する。彼の生涯がそれを促すように感じられる。

ルカによる福音書（以後はルカ伝と記す。ほかの三つの福音書についても同様）には、イエスが死者をよみがえらせたとの記述がある。

ちょうど、ある母親の一人息子が死んで運び出されるところであった。その母はやもめで、彼女のそばには大勢の町の人がいた。主はこの婦人を見て憐れに思い、「泣くことはない」と仰せになった。そして、近づいて棺《ひつぎ》に手をお触れになると、担いでいる者たちは立ち止まった。そこで、イエスは仰せになった、「若者よ、わたしは、あなたに言う。起きなさい」。すると、死人は起き上がって口をきき始めた。（7・12

〜15）

今は、死者のよみがえりの真偽は問わない。ここでの問題は、イエスがためらいなく棺に手をふれていることである。

ユダヤの戒律では死体にふれることは禁じられていた。旧約聖書の民数記には、次の記述がある。「どのような人の死体であれ、それに触れた者は、七日の間汚れる」、その三日目と七日目には自らを清めなくてはならない。もしも、「人の死体に触れて、自らを清めない者は誰でも、主の住居を汚す者である。その者はイスラエルから断たれる」（19・11〜13）。イエスのように、未知の他者の死体にふれることは禁忌だった。戒律を無視することは、瀆神《とくしん》の行いである。その中にあってイエスは、常人には超えがたい、不可視な障壁を超えてゆく。

＊

イエスの生涯を論じるにあたって、聖書学を無視することはできない。その一方で聖書学もまた、一つの学問的領域であることを忘れてはならない。

聖書学とイエスの関係は、医学の進歩と人間の関係に似ている。近代医学は人体に関する知識を大きく広げたが、人間の存在を物質的世界に限定した。健康を論じるとき、解剖生理学を顧みないのは愚かだが、生理学は人間の魂の解明において、肉体に対するのと同等の貢献をもたらしたわけではない。

聖書学は、聖書を解析することに成功しつつある。だが、聖書を物証としてのみとらえる傾向は、この書物を文字の世界に封じ込める。聖書学は、聖書を学ぶ対象としては広く人々に開いたが、「読む」ことにおいては必ずしも、人々に可能性を開いたとはいえない。「読む」とは、必ずしも文字を追うことではないだろう。それは知解の世界から私たちを解放する。次に引くのは、哲学者井《い》筒《づつ》俊《とし》彦《ひこ》が『コーラン』をめぐって書いた一節である。文中の「スーフィー」とはイスラーム神秘主義の行者を意味する。井筒は『コーラン』の訳者でもあり、また、『コーラン』における意味論的解釈学の世界的な権威でもあった。「読む」ことは、読む者を異界に連れ去る、と彼は言う。

> 聖典のコトバの流れのリズムに、己れの内的生命のリズムを合わせながら、スーフィーは『コーラン』を読み続ける。次第に『コーラン』の魂ともいうべき神的啓示の息吹きが彼の「魂」の中に染みこんでいく。〔中略〕そして、彼の内的状態が変質するにつれて、今度は逆に、『コーラン』のコトバ自体が内的に変質していく。『コーラン』は、普通の信者の読む『コーラン』とは似ても似つかないものになってしまう。

> 文の切れ目、句読点、まで違ってくる。一々の語が、まるで違った意味を帯びる。スーフィー自身の主観的立場から見ると、これは、『コーラン』の文や語が、表面には全く現われていない深い意味を露呈し始めるということだ。（「創造不断――東洋的時間意識の元型」）

『コーラン』は、声に出して読まれることによって「コーラン」になる。すなわち読誦《どくじゅ》されることによって「生ける『コーラン』」として顕現する。新約聖書は、そのような読まれ方をしない。そもそも新約聖書と『コーラン』は異なる宗教の聖典で、接点は容易に見つからず、したがって、先の井筒の指摘も、新約聖書を考えるときには当たらない、そんな声も聞こえてきそうだ。しかしながら、ここで考えてみたいのは、そうした表層的な異同ではない。言葉の多層性である。

　言葉は、読む者の意識の深化に伴って様相を変じる。あるいは、読む者の意識の変貌《へんぼう》に応じて世界はその姿を変える。一見すると奇妙に思えるかもしれないが、静かに思いかえすと、井筒がいう意識と存在の関係は、むしろ、私たちが日々の生活で感じていることの精密な表現となっているのではないだろうか。スーフィーのような烈しい経験ではないとしても、言葉が生きていることを、私たちは肌身で感じながら毎日を過ごしている。だからこそ、言葉に傷つき、しかし、ときに言葉に救いを感じもする。

『コーラン』は大別すると三つの層からなる、と井筒はいう。

一つ目は、「事実的〔realistic〕」な層
二つ目は、「物語／伝説的〔narrative / legendary〕」な層
三つ目は、「イマジナル／異界的〔imaginal〕」な層

「事実的」とは、文字通り、ある事象が起こったことを示す。二つ目の層は、出来事が表現されるとき、物語や伝説的な形式をとる場合のことを意味している。そして、三つ目が、先の井筒の引用文にあるような、容易には理解しがたい、「イマジナル」(異界的)な世界なのである。

三つの層は、書物の中で入り乱れ、分かちがたく存在している。「言葉」は、読み手の状況に応じて、そのときどきに違った世界を現出させる。この多層性は『コーラン』全体にいえることだが、ある一章においても、さらにはたった一つの言葉にも、三つの層が同時に存在し、現象は複雑に絡み合っている。

『コーラン』に限らない。古典と呼ばれる書物には、程度の差はあれ、これらの三つの層が混在している。新約聖書も例外ではない。「キリスト」は、ヘブライ語「メシア」のギリシャ語訳である。「メシア」は「油を注がれた者」を意味する。語源は、大祭司あるい

は王が即位するときに油を注がれたことに由来する。それがのちに転じて、世を救う「救世主」であることが含意されるようになる。

ナザレのイエスは、私たちと同じ一介の人間である。しかし、イエス・キリストは違う。「キリスト」の一語は、イエスがメシアであり、また、三位一体の「神」であることを示している。救世主は万物を救う。救われる者は時空に限定されない。そこには過去も、死者も含まれる。「キリスト」の働きは、時間の流れや生死ばかりか、存在の次元までも包含する。

今日、学問としての新約聖書学が読み進めているのは、第一層と第二層である。聖書学上では、第三層は、容易にその存在を認められない。もちろん、聖書学者であっても第三層にふれることはできる。だが、そのとき彼は狭義の学問という枠をどこかで超えてゆかねばならない。

*

歴史的に見れば、第三層はこれまで、もっぱら異端者によって掘られてきた。近代において「異端者」は、必ずしも宗教者の顔をして現れるとは限らない。正統なる異端者とも呼ぶべきドストエフスキーにとってイエスは、永遠の人間であり、超越への扉だった。彼は、作品でさまざまな人間を描きながら、そのすべてがイエスの生涯と呼応することを示そうとする。たとえば、『罪と罰』の主人公ラスコーリニコフのように、自分は決して救われない、救われるに値しない、という思いによって、かえって「救い」と強く関係を切り結ぶような人物がいる。ラスコーリニコフの生涯には、福音書では隠されていたイエスの生涯の意味が、見えない「文字」で描き出されている。

また、二十世紀フランスを代表する小説家の一人であるジョルジュ・ベルナノスのように、イエス伝を書くことをほとんど悲願のように思い続けながら、ついにそれを果たせないまま亡くなった者もいる。

スペイン内戦に際し、ヴァティカンの教皇庁はフランコの独裁政権への支持を表明する。当時、ファシズムは反共産主義を標《ひょう》榜《ぼう》していて、この点において教皇庁と独裁政権の利害が一致した。それは同時に、ファシズム勢力に抵抗する人民戦線の人々を見棄てることを意味した。

このときベルナノスは、『月下の大墓地』と題する作品を書き、ヴァティカンの態度を厳しく糾弾する。教会は、権力に接近するのではなく、むしろ、権力によって不当に虐げられている者に寄り添わなくてはならない。しかし、あのとき教会は逆の選択をした。それはすでにキリストの「教会」ではない、とベルナノスは考えた。この作品によってベルナノスは、カトリック教会によって否定され、実質的に「破門」される。

すでに彼は、「教会」に連なっていることに未練などなかった。作品を書き始めたとき、それが公にされれば教会に退けられることなど、彼には承知されていたはずである。

今日の日本において「破門」といってもさほど重みをもって感じられないかもしれないが、かつてカトリシズムは、世界において、政治的にも宗教的にも、今とは比べものにならないほど絶大な力をもっていた。当時の「破門」は、心身両面の「戸籍」を剝奪《はくだつ》されるに等しく、事実彼は、フランスを追われ、ブラジルに亡命を余儀なくされる。そのとき、ベルナノスの念頭に浮かんだのが、イエスの生涯の執筆だった。
『月下の大墓地』の序文に彼は、次のように書いている。

> すべて召命とは一つの呼びかけ——vocatus——であり、そしてすべての呼びかけは聞き届けられることを願う。わたしが呼びかける相手はもとよりそれほどたくさんはいない。その人たちはこの世の問題をなんら変えはしないだろう。だが、その人たちのために、その人たちのためにこそ、わたしは生れてきたのだ。（高坂和彦訳）

彼は、イエスの生涯を思い浮かべながら、自己への「召命」に思いを馳せる。「召命」とは神に召されること、呼びかけられ、召し出されることである。ベルナノスは、イエス伝を書く代わりにこの作品を書き、教会に「否」を突きつける。それがイエスの臨在を証しすることにほかならない、と信じたのである。

ルカ伝には、賢者シメオンが、幼きイエスを前に言った言葉が記されている。それはそのまま、イエス伝を書こうとするベルナノスの内心の声だったように思われる。

シメオンは「正しく敬虔な人で、イスラエルの慰められることを待ち望んでいた。また、聖霊が彼の上にあった。彼はまた、主が遣わすメシアを見るまでは決して死なないとの、聖霊のお告げを受けていた」（2・25～26）人物だった。シメオンは、「霊」に導かれて神殿に行く。そこで、イエスの両親であるマリアとヨセフは、律法の定め通り神に捧《ささ》げものを献じようとしていた。そこで幼子を見て、シメオンは「主よ」と語りかける。

主よ、今こそ、あなたはお言葉のとおり、
あなたの僕《しもべ》を、安らかに去らせてくださいます。
わたしはこの目で、あなたの救いを見たからです。
この救いは、あなたが万民の前に備えられたもの、
異邦人を照らす光、
あなたの民イスラエルの栄光です。（2・29～32）

教会に捨てられても、あるいは彼が教会を棄てても、ベルナノスはイエスとまみえる希

望を手放すことはなかった。ベルナノスだけではない。優れたイエス伝を試みる人々が全編を書き上げることで現出させようとするのは、なぜ、イエスは、この世に生まれたのか、あるいは生まれなくてはならなかったのか、という問いである。さらに言えば、イエスは、十字架上で死んだあとも「生きている」のか、という問いである。

本書を『イエス伝』と題するとき、念頭にあったのは——また、今もあり続けているのは——白川《しらかわ》静《しずか》の『孔子伝』である。代表作の一つであるこの作品の冒頭で白川は、「孔子の人格は、その一生によって完結したものではない。それは死後にも発展する」と述べたあと、孔子の生涯を書く自らの視座にふれ、次のように記している。

> 孔子が今でも生きつづけ、なお今後も生きつづけてゆくとすれば、その可能性は孔子自身のうちにあるはずである。孔子を歴史的な人格としてとらえ、その歴史性を明らかにすること、それが孔子の生命のいぶきをよみがえらせる、唯一の道である。孔子の伝記的生命は、今もつづいている。それゆえに私は、この一篇を孔子伝と名づけるのである。

『孔子伝』は、これまでに孔子の生涯を語った、どの書物とも似ていない。それゆえに彼の孔子論を批判する声も少なくない。だが、この著作は、少なくとも現代日本で書かれたどの類書よりも孔子という存在を、読者にまざまざと伝えている。この著作を通過することにおいて『論語』は、生けるものとしてよみがえっている。かつて語られた記録であるだけでなく、今も語りかける言葉になる。

福音書には、十字架上で死んだあとイエスは復活し、弟子たちの前にまざまざとその姿を顕わしたと記されている。同じことは白川にも起こっている。彼にとっても孔子は、今日の隣人だった。

*

最初の章を終えるにあたって、私とキリスト教、あるいはイエスとの関係にふれておいたほうがよいと思われる。生まれて四十日後、私は生地の小さなカトリック教会で洗礼を受けた。もちろん記憶はない。信仰は私にとって、完全に与えられたものである。郷里にいた頃は、朝、学校に行く前に教会へ行きミサにあずかるのが日課だった。朝のミサで聖堂にいたのは、私と神父だけだったことが多い。真剣に神学校に入ることを考えたこともある。だが、あるときから自然と、「教会」から足が遠ざかるようになった。だが、それがイエスに背を向けたことになるとも思えないのである。私のイエスは、「教会」には留まらない。むしろ、そこに行くことをためらう人のそばに寄り添っている。福音書に描かれているイエスは、神殿で人々を待ったのではない。彼のほうから人々のいるところへ出向いていくのである。

第二章　誕生

ベツレヘムの馬小屋で、イエスは生まれた、とされている。それを記念して、今日でもクリスマスになると、世界中の教会だけでなく、街中の広場や個々の家々でも馬小屋にいる聖母と幼子の造作が据えられる。

その飾り付けは、イタリア語で「プレゼピオ Presepio」と呼ばれ、その名は家畜が食べる飼葉を入れる容器、飼葉桶を意味する presepe に由来する。だが、奇妙なことに、イエスの誕生を物語る福音書のどこを探しても、「馬小屋」に相当する文字は見当たらないのである。

『中東文化の目で見たイエス』という本がある。この本は各国で翻訳され、キリスト教界に衝撃を与えた。題名通り、イエスの時代の中東の常識によって福音書を読み解こうとする試みである。著者のケネス・E・ベイリーは、アメリカ人神学者で、「一九三五年から一九九五年に至る六十年間、わが家は中東にあった」（森泉弘次訳）と序文にあるように、生涯の大部分をエジプト、レバノン、エルサレム、キプロスなど中東文化圏で過ごした。一九三〇年に生まれ、今も研究活動を続けている。彼は、イエスが生まれたのは、いわゆる馬小屋ではなく、ごく一般的な庶民の住まいだったという。

ヨハネ伝に「ナザレのイエス」とあるように、イエスは中東の街ナザレで育った。彼は、アラビア語やヘブライ語と同じようにセム語に属するアラム語を話した中東人である。どう考えてもヨーロッパ人ではない。だが、私たち日本人が感じるイエス像には、どこかヨーロッパ文化の風合が残ってはいないだろうか。

カトリック教会の本山でもあるサンピエトロ寺院が、イタリア・ローマ市の一角に存在し、その頂点に立つ者を「ローマ教皇」と呼ぶように、キリスト教はローマを中心にヨーロッパで広く、また深く、受け入れられてきた。プロテスタントを生んだのもヨーロッパである。教義的にはカトリック、プロテスタントとも一線を画す正教が盛んなギリシャやロシアも、地理的にはヨーロッパに隣接していて、その影響からは逃れ得ない。

現代の聖書学は、イエスが生まれた当時の状況を次々に明らかにし、「聖書」というテクストの原型に接近する道を模索している。その試みには大きな意味がある。だが、そうした業績を目にしていても、今一つ、満たされない感覚が残ることが、しばしばある。中東の人であるイエスを語る研究者たちの視座が、依然、既存の西洋文化を基点に据えられている感が否めないのである。

それは、中東料理の素材を手に入れながら、調理の方法がフランス風、イタリア風あるいはロシア風であるのに似ている。もちろん、だからといってフランス料理やイタリア料理、ロシア料理に使ってはならないということにはならない。その素材は、どの国の料理に用いることもできるだろう。けれども中東の素材は中東の料理において、素材自体の可能性がもっとも開花するかもしれないのである。食物とイエス像は別だ、などと思わないでいただきたい。イエスが、食をきわめて重要視していたことは、新約聖書の随所に明らかだろう。弟子たちとの最後の時間が「晩餐《ばんさん》」だったこともそれを象徴している。

*

「西欧的精神の持主にとって、飼葉桶という語は馬屋や納屋という語を連想させる。しかし伝統的な中東の村ではそうではない」とベイリーは書いている。西欧人の眼は、「飼葉桶」があるなら、その場所は馬小屋に決まっている、として疑いもしないのだろうが、現実はまったく違うというのである。

まず、ベイリーの見解を確認する前に、ルカ伝に記されているイエス誕生の記述を確認しよう。四つの福音書で、イエス誕生の光景をもっとも詳細に記している箇所である。

ダビデ家とその血筋に属していたヨセフも、すでに身籠《みごも》っていたいいなずけのマリアを伴って、登録のために、ガリラヤの町ナザレから、ユダヤのベツレヘムというダビデの町へ上って行った。ところが、二人がそこにいる間に、出産の日が満ちて、マリアは男の初子を産んだ。そして、その子を産着にくるみ、飼い葉桶に寝かせた。宿屋には、彼らのために場所がなかったからである。（2・4～7）

この記述が正しければ、イエスの父ヨセフは、「ダビデ家とその血筋に属」する者、すなわちダビデ王の血を引く者だったことになる。当時のベツレヘム周辺に暮らしていた人々の一般的な家屋には、家族が居住する場所とは別に、旅人や客人を泊める場所があった。「中東の人々は、客人に対してしかるべきもてなしをする驚くべき才能を有している」とベイリーも言う。彼らにとってはむしろ、客人に対しての、ゆえなき無礼な行いこそ、不名誉なことだった。ベツレヘム近郊に暮らしていた人々が、王族の旅人であるヨセフ、マリア夫婦の滞在を拒む理由はなかった。むしろ、一行は歓迎されるべき客人だった。

問題は、「宿屋には、彼らのために場所がなかった」という記述である。日本語訳聖書で「宿屋」とされているギリシャ語は、「カタリュマ katalyma」である。この言葉は、商業宿泊施設を意味することもある。しかし主たる場合は、個人宅の客間を指すとベイリーは指摘する。ちなみに、いわゆる商業的な宿泊施設には通常、「パンドケイオン pandocheion」が用いられる。

マリアは産気づく。夫ヨセフは、妻が身体を横たえる場所を必死に探す。そしてある家屋を見つける。だが、そこの「客間（カタリュマ）」には「彼らのために場所がなかった」のである。

当時の中東の村において家畜は、人間が使役する生き物であるよりも、文字通りの同居者だった。マリアたちは、「客間」ではなく、動物たちのいる「居間」に通されたのだった。人間は日常的に屋内で、動物たちと共に暮らしていた。それは、盗賊から動物たちを守るためであり、また、冬、部屋が寒くなるとき、動物たちの体温は部屋に温もりをもたらしたからである。

出産に際して、男たちは部屋から出され、女たちがマリアに寄り添う。マリアは、庶民の家の居間で、彼らに見守られ、歓待されながらイエスを産んだ。

ヨーロッパのキリスト信者たちは、新約聖書に不可視な「馬小屋」の文字を読み込んできたのである。だが、中東に居住する学者たちは違った。「すでに百年前からルカ福音書二章七節の記述を、部屋の端に複数の飼葉桶が床石を掘って造られている家族の居間のことを指していると理解してきた」とベイリーは言い、西欧のキリスト教神学界が、長く中東文化圏の声を無視してきた事実を、穏やかにだが、はっきりと訴えている。

馬小屋の聖家族を飾る「プレゼピオ」の風習は、現ローマ教皇の名前にもなったアッシジのフランチェスコ（一一八二頃〜一二二六）に始まるとされる。人の暮らす場所ではなく、家畜小屋という虐げられた場所で救世主は生まれた、そうフランチェスコは理解した。そして信者たちは、この清貧と敬虔《けいけん》を体現した聖者にならって、「貧しき」日常の中に、内なるキリストの生誕をよみがえらせながら、フランチェスコ以来およそ八百年間にわたって独自の霊性を形成してきた。

一方、東方教会は、イエスの生誕にまったく異なる見解をもつ。イエス生誕の場所は馬小屋ではなく、洞穴であると彼らは言う。当時の人々の中には、洞穴を住まいにしている人が少なからずいた。今日から見ると、洞穴は幻想的な空間と場所を思わせるが、歴史的には東方教会に伝わる話のほうが事実に近いとベイリーは言う。だが、東方教会では出産のとき、マリアは独り、誰の介添えもなく、イエスを産まねばならなかった、とする。ここに東方教会独自の信仰が生まれている。いずれにせよベイリーの指摘が正しいとすれば、西方、東方の両教会は長く、イエス降誕の光景を誤認していたことになる。

*

歴史研究の成果と言語的解釈の立証によって、テクスト上の誤りを指摘し、信仰上の認識を改めるように促すことも可能である。それに類するような言説が、昨今の論考に散見される。だが、そのことに終始する言説は、意味が稀薄《きはく》であるばかりか、あまりに貧しい、と私は思う。

資料的に「正しい」ことだけに重きを置く視点は、さまざまな現象の奥に隠れた重大な意味を見失う可能性がある。さらに言えば、資料の文字だけを見る者には、そこに随伴する不可視な「言葉」は見えてこない。

ベイリーの研究に助けられながら、これまで見てきたのは、誤りの有無ではなく、新たなる聖書解釈の可能性である。もちろん、ベイリーの意図も、単なる誤謬《ごびゅう》の指摘にあるのではない。現代では、もっとも古き事実が、もっとも新しい意味を帯びることを彼は論証して見せた。彼が提示するのは、表面上の「事実」ではなく、新しき霊性の萌芽である。「幼子イエスは羊飼いと同じような境遇の人々のために、すなわち貧しい人々、身分低き人々、世間からないがしろにされている人々のために誕生した。同時に彼は富裕な人々のためにも、また後刻、黄金、乳香、没薬《もつやく》を携えて現れる賢者たちのためにも、世に降《くだ》ったのである」とベイリーは書いている。イエスは、救われない、孤独であると苦しむ人に寄り添うために生まれた。イエスは人間を「独り」にはしない、というのである。

二十世紀プロテスタントを代表する神学者カール・バルトが同質のことを書いている。バルトの神学はベイリーと容易には一致しない。バルトはキリスト教が文化の中に埋没することを強く否んだ。だが、イエスの誕生に見た精神的光景は強く惹き合う。われ信ず、と言うとき、「私は、孤独ではない。否、神は、私に出会い給う。私は、いついかなる時にも、所詮神と共にいるのである」（『教義学要綱』井上良雄訳）とバルトは書いている。イエスは私たちをけっして孤独にはしない、信仰とはイエスが共にある日常の発見だというのだろう。

持続する真摯な態度があれば、表層的な語意理解に誤りがあったとしても、その奥の層では容易に過《あやま》たない。私はこのことのほうに大きく驚き、また、歴史と叡知の確かな働きを感じる。ベイリーは、イエス降誕を論じる一文を、次の一節で締めくくる。「確かにわれわれはわれわれのクリスマス劇を書き直さなければならない。しかし書き直されることによって、物語は安っぽくされるのではない、かえって豊かなものにされるのである」。

*

イエスが生まれたことを、最初に知らされたのは羊飼いたちである。その後、「東方」の博士たちが、星に導かれながらベツレヘムを訪れた。「西方」ではなく「東方」の博士たちだったことは「東洋」にも重大な役割があることの暗示である。当時、羊飼いは、「身分制社会の階級尺度で最低すれすれに位置づけられていた」とベイリーは書き添えている。知らせたのは天使である。

新約聖書で天使は、しばしば重要な役割を果たしている。天使の存在を信じるか否かは、ここでは問わない。だが、天使が五感では感覚されない何ものかであることは確認しておきたい。彼らの存在は、イエスの誕生には、可視的な領域からだけでは語り尽くせない意味があることを示している。

主の栄光が彼ら〔羊飼い〕の周りを照らし出したので、彼らはひどく恐れた。み使い〔天使〕は言った、「恐れることはない。わたしは、民全体に及ぶ、大きな喜びの訪れを、あなた方に告げる」。（「ルカ伝」2・9〜10）

羊飼いの前に顕われた天使は、まず、「恐れることはない」と言う。天使は、その姿にふれる者に著しい「戦慄《せんりつ》」の感情を引き起こす。羊飼いだけでなく、のちにイエスに洗礼を施すことになるヨハネ――洗礼者ヨハネ――を身籠った母エリザベトの前に顕われたときも、天使は彼女に向かってまず、「恐れることはない」と声をかけてから、話し始めている。

　イエスが宿ったことを、マリアに伝えたのも天使だった。天使は文字通り、天の使い、神の言葉の伝達者である。西洋では時代を問わず「受胎告知」の場面が、さまざまな画家によって描かれている。そこには必ず、大きな翼をもった天使がいる。この特別な使命を背負った天使をキリスト教では大天使ガブリエルと呼ぶ。

天使は、キリスト教にだけ存在するのではない。イスラームにもいる。そればかりかイスラームの天使もまた、マリアにイエスの受胎を告げる。イエスの誕生を描き出しているのは新約聖書ばかりではない。次に引くのは『コーラン』の一節である。「これマルヤム〔マリア〕」、と天使は、母となるマリアに呼びかける。文中の「イーサー」がイエスである。

かしこくもアッラー様の嬉しいお告げじゃ、（お前は）神から発する御言葉を（産みまつるであろう）。その名はメシア。マルヤムの子イーサー。その御方は現世にても来世にても高きほまれを受け、神のお傍近き座につかれるであろう。揺籃の中にあっても、また成人してからも人々に語りかけ、義《ただ》しき人となられるであろう。（「イムラーン一家」、『コーラン』上巻、井筒俊彦訳）

イスラームの聖典『コーラン』において、これほどまでに力強く、また、鮮烈にイエスの生涯の意味が宣言されていることを見過ごしてはならない。この一節は、絶対神アッラーが、イエスの誕生をはっきり意思したことを伝えている。そればかりか、ゆりかごからその最期まで、イエスは世界に向かって「義」を体現する人物として君臨する、とアッラーは言う。さらに天使は、「（お前は）神から発する御言葉を（産みまつるであろう）」と言い、イエスは神の「言葉」である、とマリアに告げるのである。

新約聖書の天使はマリアに、イエスは「聖霊」によって身籠ったと伝える。「処女懐胎」の問題は、今は措く。この声を聞かされた彼女の心は強く揺さぶられただろうが、子として宿ったのは「言葉」であると言われたなら、動揺はいっそう大きかっただろう。

言葉が「神」である、と聞くと奇妙な感じがするかもしれない。だが、それはイスラーム特有の信仰ではない。言葉が「神」である、とする伝統はむしろ、キリスト教信仰の中心深くに位置している。それをもっとも鮮明に示しているのが、有名な、といってよいだろう、ヨハネ伝の冒頭の一節である。

初めにみ言葉があった。
み言葉は神とともにあった。
み言葉は神であった。
み言葉は初めに神とともにあった。（1・1～2）

ここでの「み言葉」とは、もちろん言語としての言葉ではない。言語は、「言葉」の一形態に過ぎない。画家は色という「言葉」で絵を描く。音楽家は音という「言葉」を用いて、彫刻家はかたちという「言葉」で、それぞれの作品を作り、そこに意味を顕現させている。『コーラン』あるいは新約聖書でいう「言葉」とは、意味の始原、意味の根源的な姿を指している。本書では、そうした「言葉」を、ときにコトバと記すことで、言語的な言葉と区別して用いることにする。

『コーラン』の真の語り手は、あくまでも絶対的一者である神、「アッラー」である。コトバである「アッラー」である。新約聖書が、さまざまな聖書記者と呼ばれる人々によって記されたのとは異なり、コトバは、預言者ムハンマド（マホメット）の口を通じ顕われる。「神憑《かみがか》りの言葉。そうだ、『コーラン』は神憑りの状態に入った一人の霊的人間が、恍惚状態において口走った言葉の集大成なのである。だからそこに説かれているのはマホメットの教説ではない。マホメットではなくて、マホメットに憑《の》りうつった何者かの語る言葉なのである。その「何者か」の名をアッラー Allāh という。唯一にして至高なる神の謂《い》いである」と『コーラン』の訳者でもある井筒俊彦が書いている（『コーラン』上巻、解説）。『コーラン』とは、神のコトバというより、コトバである「神」それ自身である、と理解したほうがイスラームの霊性に近い。

コトバにおける神の働き、コトバの神性に絶対的意味を認識している点で、キリスト教とイスラームは急速に接近する。そればかりか共振し、共鳴する。さらに、双方がイエスの誕生を語るときにコトバの起源にさかのぼろうとする。そうした認識の一致をふまえながら、次の『コーラン』の一節を読んでみる。ムスリム（イスラーム教徒）にとっても、イエスは「聖霊」に満たされた稀有《けう》なる者だった。

かくて我らムーサー〔モーセ〕に聖典を授与し、彼のあとも続々と（他の）使徒を遣わし、（中でも）マリ《ママ》ヤムの息子イーサーには数々の神兆を与え、かつ聖霊によって（特に彼を）支えた。ところが、汝らは己が気にくわぬ（啓示）を携えた使徒が現われるたびに傲岸不遜の態度を示し、（それらの使徒の）あるものをば嘘つきよとののしり、又あるものは殺害した。（「牝牛」、『コーラン』上巻、井筒俊彦訳）

預言者が現れると人々は、預言のコトバに慄《おのの》き、信じる前にそれを拒もうとする。そればかりか「あるものをば嘘つきよとののしり、又あるものは殺害」する。殺された「預言者」とは、もちろん十字架上で死んだイエスである。ここまでくれば「神は死んだ。人間が神を殺したのである」と言ったニーチェの言葉すら想起されてくる。

先に引いたヨハネ伝冒頭の一節、はじめに言葉があった、との一節は広く知られているが、その少し後には、次のように記されている。

み言葉はこの世にあった。

この世はみ言葉によってできたが、
この世はみ言葉を認めなかった。
み言葉は自分の民の所に来たが、
民は受け入れなかった。（1・10〜11）

これらの箇所は、先の一節に比べると、論じられることが格段に少ない。だが、明らかに記されているように、預言者は、しばしば故郷で迫害される。新約聖書もまた、『コーラン』と同じく、救世主を拒んだことを痛切な悔恨をもって告げている。

なお、「預言」と「予言」は異なる。「予言」は、未来を語る言葉だが、「預言」は「神」から預かったコトバである。「預言」は「予言」を包含するが、「予言」は必ずしも「預言」であるとは限らない。

「預言」の語り手は、いつも超越者である。この点においても「予言」と明らかに一線を画す。「予言」は必ずしも聖性を帯びているとは限らない。それゆえに、預言者たちはときに「予言」に厳しい態度で接したのである。

＊

イスラームでは、現代でも預言のコトバは生きている。ムハンマドが最後の預言者だが、「預言」は時空を超えて存在していると彼らは信じている。預言の意味と絶対的価値において『コーラン』は旧約聖書に、すなわちイスラームはユダヤ教に接近する。旧約聖書にある預言者アモスの言葉を記録したアモス書を読むと、預言者追放を描き出す『コーラン』の一節を強く想い起こさせる。

「イスラエルは必ず捕らえられて、その地から追放される」（7・11）と、アモスは時と場所を選ばず「預言」を口にする。糾弾されているのはすでに信仰を儀礼化していた祭司と信者たちである。祭司は、アモスを疎ましく思い、彼が陰謀をくわだてているとイスラエルの王に告発する。そして、土地の権力者でもある祭司はアモスに向かって、だまって、別な土地へ行け、冒瀆《ぼうとく》の言葉を口にしてはならない、「ここは王の聖所であり、王国の神殿のある所だからだ」（7・13）と活動を禁じようとする。するとアモスは、こう応えた。

> わたしは預言者でも、預言者の仲間でもない。わたしは牛飼いで、いちじくの栽培をする者だ。しかし、主が家畜の群れを追っているわたしを捕らえ、主がわたしに、「行け、わたしの民イスラエルに預言せよ」とお命じになったのだ。（7・14〜15）

「預言」を語ることを望んでいるのではない、自分は一介の牧者であり、農夫に過ぎない。

歴代の預言者に比べれば取るに足りない、小さき者である。だが、コトバは湧き上がり、内なる「神」が沈黙しようとしない。自分はコトバの通路に過ぎないと語るのである。

アモス書のほかにも旧約聖書には、数々の預言者の言行録がある。預言者がいなければユダヤ教は成立しない。だが、新約聖書には、洗礼者ヨハネのほかに預言者の姿はほとんど描かれていない。前章でみたシメオンや、イエスの誕生に駆け付けた「東方の博士」たちは、預言者ではない。彼らは賢者である。イエスは、預言の時代の終焉《しゅうえん》を告げる者であり、「預言」の完成者であると信じられた。

ここでの「預言」は戒律を含む。戒律は預言者を通じて世にもたらされた。イエスの後、預言者はいない、預言者は「神」と世界の仲介者だが、イエスの誕生によって、世界は超越と媒介者なくつながった、というのがキリスト教の立場である。

だが、新約聖書には依然、「預言」、すなわち神の言葉の降臨が描かれている。ルカ伝、洗礼者ヨハネの命名が語られるくだりである（1・59〜66）。「預言」は、旧約の時代を髣《ほう》髴《ふつ》とさせるようになまなましい。

ヨハネもまた、イエスのように「聖霊」によって身籠る。天使はそれを夫妻に伝える。母となるエリザベトはそれを信じたが、父となるザカリアは信じることができなかった。そのため彼は天使に言葉を封印され、口がきけなくなってしまう。

時が満ち、子供が生まれようというとき、周囲は伝統にならい、父親の名前と同じく

「ザカリア」と命名しようとする。すると母エリザベトは、「ヨハネ」でなくてはならないと強く反対する。天使が、「ヨハネ」と名付けるようにと告げていたのである。周囲の人々は驚き、父親に意思を確認する。話すことができない彼は、筆談で自分も同意見であると応えた。

すると突然、彼は「舌が自由になり、神をほめたたえた」。このときの様子を福音書はこう記す。「父ザカリアは聖霊に満たされ、預言して言った」。そして、「近所の人々はみな恐れた。そして、このことはすべて、ユダヤの山地の至る所で話題となった」。

いつからか、キリスト教では預言の言葉を語ることは、「野蛮」な行為であるとされるようになった。それを口にしたとされる者は、ときには裁かれ、異端を宣告されることもあった。「神憑り状態とは、伝統的用語で言えば、人間の自己「神化」であり「神人合一」——すこぶる低級で野蛮な神人合一だと、セム的一神教の論者たちは蔑むけれども、それの当否はここでは問わない——であって、その経験の主体は神的主体であるはずだ」（『意識と本質』）と井筒俊彦は書いている。預言と預言者を信じるユダヤ教は「神憑り」を野蛮であるとは考えない。「セム的一神教の論者たち」との言葉は、まさにキリスト教論者に当てはまる。

聖書が伝える通り、「初めにみ言葉があった／み言葉は神とともにあった／み言葉は神であった」のなら、私たちは神のコトバである「預言」の真意をもう一度考えなくてはならないのではないか。

それは、現代に預言者や「預言」を探すことではない。「預言」は今も聖書に潜んでいる。むしろ、私たちはそれを、「読む」ことを通じてよみがえらせなくてはならないのではないか。そこに、永遠の今に生きる「歴史」に立ち会い、コトバの奥にイエスに出会うことができる可能性があるのではないだろうか。

第三章　夢と天使

福音書の書かれた一世紀後半ごろは、今日の私たちが「キリスト教」という言葉から想起するような形態は、まったく存在していない。当時の動きを、教会の代わりに共同体と呼んでみても、その実態を現代の視座からとらえるのは容易ではない。

もともと「教会」を意味する「エクレシア」は、建築物や教義によって束ねられた教団を意味するのではなく、人々が集い合う状態を示していた。それは、いまだ秩序だった組織ではなく、容易に名状しがたき霊性のうねり、躍動する魂の塊のようなものだった。そこに宿ったほとばしるような熱情と、イエスの死後、数十年の間に培われた衝動的な霊性の顕われが福音書なのである。

四つの福音書の成立時期はおおむね分かっていて、もっとも古いのがマルコ伝（七〇年頃）、マタイ伝（八〇年頃）、ルカ伝（八〇年代後半）、そしてヨハネ伝（九〇年代）と続くというのが聖書学者による大方の見解である。福音書を書いた人々の中にイエスあるいは彼の親族を知っている人間がいなかったとは断言できない。しかし、可能性が高いともいえない。イエスが生まれたときのことを書き残した人はいない。しかし、福音書にはその様子が記されている。それを史実ではないとして読み過ごしてよいのだろうか。近代のイエス伝の多くは、次のようなマタイ伝の一節をほとんど通過して顧みない。

> さて、博士たちが立ち去ると、夢の中で主の使いがヨセフに現れて言った、「起きよ。幼子とその母を連れて、エジプトへ逃げよ。そして、わたしが告げるまで、そこに留まれ。ヘロデが幼子を探し出して、殺そうとしている」。ヨセフは起きて、夜のうちに幼子とその母とを連れてエジプトへ逃れ、ヘロデが死ぬまでそこに留まった。これは主が預言者を通して、「わたしはわが子をエジプトから呼び出した」と仰せになったことが成就するためである。（2・13～15）

ベツレヘム近郊でイエスが生まれると、一家はほどなく、ヘロデ王による迫害を逃れ、しばらくの間エジプトへ行き、そこで暮らした。イエスの父ヨセフの夢に天使が現れたというのである。

イエスが生まれた頃、ローマ帝国からエルサレムを含むパレスチナ地方一帯の統治を任されていたのがヘロデ王（在位：前三七～前四）である。マタイ伝では先の一節に続けて、ヘロデは真実の「王」たるイエスの誕生したことを聞き、地位が失われるのを恐れ、同じ年に生まれた子供だけでなく、ベツレヘムとその一帯にいた二歳以下の男児はことごとく殺戮《さつりく》した、と記されている（「マタイ伝」２・16）。

聖書学はイエスに比べ、よほど詳細な情報をヘロデ王に関して提供してくれている。ここで記されていることもいわゆる史実でないことが分かっている。現代の聖書学者たちもまた、ヘロデが幼児を殺戮したとも、そのためにイエスがエジプトに暮らしたとも考えていない。史実が積み上がってゆくに従って、これらの言葉をめぐっての論究もされなくなっている。

だが、ヘロデ王が身内の人間を次々と粛清したのは事実である。ヘロデは政治的手腕に優れていたが、嫉妬《しっと》心と猜疑《さいぎ》心においても常人の理解をはるかに超えた行動を繰り返した。佐藤研の『聖書時代史　新約篇』によれば、ヘロデは人心を集めた十六歳の義弟を恐れ、溺死《できし》させる。加えて妻の祖父を殺し、ついに妻までも処刑する。その後も妻の母、息子二人までも殺すに至る。「彼は常に恐怖にさいなまれ、いかなる嫌疑の種にも激昂し、一人の罪人をも見逃すことを恐れる余り、何も罪もない多くの人々を拷問へと引き立てて行った」とのヨセフスの『ユダヤ戦記』の一節を、佐藤は引いている。粛清は、最晩年まで続いた。陰惨な病に苦しみながらも、彼は息子であるアンティパトロスの処刑を命じる。その五日後、彼自身が病没した。

*

一人の幼子が生まれただけなら、一国の王が気にかけようはずはない。マタイ伝によれば、ヘロデがイエスの誕生を知ったのは、東方からの博士たちが、エルサレムに来て、人々にイエスの誕生を尋ね歩いたからだった。「お生まれになったユダヤ人の王は、どこにおられますか。わたしたちはその方の星が昇るのを見たので、拝みに来ました」と言い、「博士たち」は街を歩いた。それを耳にしたヘロデは「うろたえ」、エルサレムの人々もまた、慄きの気持ちに包まれたと記されている（2・1〜3）。

「ユダヤ人の王」が生まれたとの発言が、王であるヘロデの気に障るのは理解できる。しかし、ヘロデは恐れ、おびえた。それは、語られたことが自らの地位を脅かすからだけではなく、語ったのが「博士たち」だったからである。さらに彼らの言葉が、それを聞いた市井の人々の心をも強く動かしているのをヘロデは、はっきりと感じている。

遠方の他国から、新しきユダヤの「王」を祝福し、崇敬を捧げにきた「博士たち」とはどんな人物だったのだろう。ここで「博士たち」と記されている原語は「マゴイ magoi」、のちに英語の magic へと派生してゆく言葉である。彼らは、異教の預言者たちだった。

「博士たち」を異教の伝統に連なる人物であるとする根拠は、彼らがイエスに持参した貢物にある。献じられた「黄金、乳香」は、旧約聖書では「主」に捧げられる異邦人からの贈り物である。旧約聖書の「詩編」には、次のような記述がある。

彼は海から海まで、
川から地の果てまで治める。
荒れ野に住む者はその前に膝をかがめ、
彼に仇する者は塵をなめる。
タルシシュと島々の王たちは贈り物を、
シェバとセバの王たちは貢ぎ物を納める。
〔中略〕
彼は生き永らえ、
人々は彼にシェバの黄金をささげ、
彼のために常に祈り、
ひねもす、彼の上に祝福を求める。（72・8〜10、72・15）

ここでの「彼」は絶対的超越者である「神」を指す。それは森羅万象を司る。「荒れ野に住む者はその前に膝をかがめ」との一節は、イエスに洗礼を授けたヨハネ、「洗礼者ヨハネ」の到来を感じさせる。ヨハネは荒野に生き、イエスに出会い彼の前にひざまずくことを生きる目的とした。「シェバ」と「セバ」は、それぞれアラブとエチオピアに位置する場所で、ユダヤ人にとっては、遠方にある異教徒の街を意味している。同様の記載はイザヤ書にもある。

ミディアンとエファの若いらくだが、
お前の町を埋め尽くす。
これらはみなシェバから来て、
黄金と乳香を携え、
主に対する賛美を公に告げる。（60・6）

「ミディアン」はアラビアの遊牧民を指す。「エファ」もおそらく近似した意味だと考えられる。それがやはり「シェバ」から「黄金と乳香を携え」やってきて、「主」を讃美する。異教徒たちが「黄金と乳香」の捧げものをし、祈り、祝福を求め、「神」の到来を願うというのである。

本章のはじめに引いた一節（「マタイ伝」2・13〜15）にも「わたしはわが子をエジプトから呼び出した」と旧約聖書のホセア書（11・1）にある言葉が引かれていたように、

福音書の中でもマタイ伝は特に旧約聖書とのつながりが深い。これらの旧約聖書にある記述はもちろん、マタイ伝に先行している。それらを見て、マタイ伝は、旧約聖書に沿うように書かれている、と指摘することは簡単だ。だが、そう言ったところで、福音書の言葉はまったく動き出さない。そればかりか、力動的な様相をうばわれた、平板的な二次元の世界にますます埋もれてゆく。

イエスの生涯を描くとき、旧約聖書の言葉を引くことは、イエスが旧約聖書の言葉に従属していることを意味しない。マタイ伝には、旧約的世界を突破してゆくイエスの姿もまた、描かれている。むしろ、マタイ伝の作者たちにとってイエスは、救世主であると共に旧約のコトバを継承し、それを完成する者である。「わたしが来たのは、正しい人を招くためではなく、罪人を招くためである」（「マタイ伝」9・13）。この言葉だけでも旧約聖書の世界に風穴をあけるに十分だった。

マタイ伝の作者は一人ではない。彼らをユダヤ人キリスト者とする説、あるいは非ユダヤ人、すなわち新約聖書でいう「異邦人」キリスト者とするなど諸説ある。ともあれイエスの生涯は、旧来の宗教的境域からはっきりと距離をもったところで語られている。そこでのコトバに寄り添いながら、イエスに接近しようとするとき、現代に生きる私たちもまた、内なる「異邦人」を呼び覚まさなくてはならないのだろう。イエスを語る新約聖書に接近しようとするとき、現代のキリスト教が封印した、いくつかの窓を開け放たなくてはならない。

新約聖書の註解書を読むときまって、「博士たち」は占星術師であり、また天文学者だった、と記されている。それは誤りではないのだが、ここでの占星術あるいは天文学は、近代科学のいうそれとは似ても似つかないものだったことに留意する必要がある。彼らの前に星は、しばしば意味をもって現れた。神のコトバとして、世界に出現した。

天文学者とは、その目撃者であり、そこで語られていることを受け取り語る証人である。彼らは科学者であると共に、星であるコトバを身に受ける巫者だった。神託の受容者でもあった。それゆえに神秘をまとう者である「マゴイ」と呼ばれたのである。「博士たち」が街を歩いている、それを見るだけで人々がただならぬ感覚に包まれたことは想像にかたくない。

マタイ伝に記されているイエスの生誕をめぐる出来事が、ほとんど史実ではなかったとしても、「博士たち」が、著しく畏怖《いふ》の念を呼び覚ます存在だったことは、ほとんど疑いがない。そうでなければヘロデ王だけでなく、市井の人々もまた「うろたえ」たなどとの言葉がマタイ伝に残ろうか。イエス誕生の「物語」が語っているのは、史実ではない。人間に、畏怖と戦慄を呼び覚ます、超越者顕現の予兆である。

ヘロデは「ひそかに博士たちを呼び寄せて、星が現れた時期を確かめた」とマタイ伝には記されている。ヘロデ王は、イエス生誕の地ベツレヘムに送り出すにあたって彼らに、

「行って、その幼子を丹念に探し、見つけたら、わたしに知らせてくれ。わたしも拝みに行きたいから」と言い添えた。星が彼らをベツレヘムまで先導した。星は、幼子がいる家まで来て止まる。彼らは持参した貢物をイエスに捧げ、詩編にあったように「その前に膝をかがめ」礼拝した（「マタイ伝」2・7〜11）。

王にイエスの居場所を報告する義務を負った「博士たち」は、本来であれば、ヘロデ王のもとへと還らなくてはならない。しかし、彼らは王のもとへは戻らず、別の道を行き、自国へ帰っていった。還れば自分たちの命がない、と夢で天使が告げたからだった。

*

天使は、しばしば夢を通じて現れる。旧約聖書で「夢」は重要な役割を担う。だが、四つの福音書の中で「夢」が語られるのは、旧約聖書の世界とつながりの深いマタイ伝だけである。天使によってヨセフにマリアへの受胎が告知されたのも夢を通じてだった。先に引いた一節で、エジプトに逃れるようにと天使が語ったのも、夢の中だった。だが、現代のキリスト教は就寝前に祈ることを説くが、夢や眠りの意味を積極的に語ろうとはしない。夢を封殺する者が、聖書に描き出された「夢」を読みとることができないのは当然である。

キリスト教がいつから、夢と信仰とを分離したかは十分に論究されていない。だが、アウグスティヌスの時代、さらにアウグスティヌスの精神を継承し、発展させた、十三世紀に生きた『神学大全』の著者トマス・アクィナスの時代までは違った。彼らにとって夢は、彼方なる世界からの来訪者がこの世界に生きる者に呼びかけを行う重要な場だった。『神学大全』には、夢をめぐって次のように述べられている箇所がある。

> 人々が共通的に経験することがらを否認するのは不条理である。しかるに、すべての人が、夢が将来のことを何らかの仕方で表示するものであることを経験する。それゆえに、夢が占いの力を有することを否認するのは空しいことである。それゆえに、それらに耳を傾けることは正当である。（『神学大全』稲垣良典訳）

「天使達の奉仕によって夢のなかで或ることを人々に啓示し給う神に由来する」ともトマスは言い、夢に働きがあることを否定しない。だが、その一方でときには悪霊もそれを利用することがあるとまでいう。ここに述べられているのはそのままトマスの夢の見解を記述したものではない。しかし、トマスにとって夢は、必ずしもよき知らせが告げられるものではないとしても、彼方の世界が抗《あらが》いがたく介入してくる現象として認識されていたことはこの一節からも感じとることができる。彼の『神学大全』は今日でもなお、カトリック神学に大きな影響力をもっている。しかし、現代の神学者たちは、トマスが夢に抱いていたようなリアリティを失っている。夢だけではない。夢が天使の場所であるなら、神学は天使の姿までも見失い始めているのかもしれない。

夢の働きが封じ込められてきたことが事実である端的な証拠は、深層心理学の出現である。夢自体の意味が抑圧されていなければ、深層心理学は生まれなかっただろう。フロイトあるいはユングの言葉を見ても、夢に抑圧された何かが現れる以前に、夢の働きそのもの、夢の意義自体が深く隠されていたことがはっきりと分かる。

深層心理学は一九〇〇年に出版されたフロイトの『夢判断』――近年は『夢解釈』と訳されている――によって大きな一歩を踏み出した。「どんな夢も、眼覚めているときの人間の心のうごきの中の、ある一定の位置に据えおくことのできるような、〔中略〕心の所産」と言い、夢は、無意識への扉であると宣言することからフロイトの心理学は始まった。さらに、「素人は素朴にこう考える、つまり夢というものは――たとい夢そのものは別世界からやってきたものではないにしろ――眠っている人を別世界へ連れていってしまうと」とフロイトは述べ、夢の掌握を、迷信と宗教の世界から、学問あるいは「科学」の世界へと奪取しようとする（『夢判断』高橋義孝訳）。

「科学」の世界としての深層心理学の樹立が、フロイトの悲願だった。たしかに彼はそこに尋常ならざる労力と熱情を捧げたが、そこに愛弟子だったユングとの決裂もまた、胚胎《はいたい》したのである。完全ではないにせよ医学が肉体を御するように、心理学もまた、意識を制することを、フロイトは証明し得ると信じた。だが、ユングの考えはまったく違った。意識は始原的に「科学」の世界を超えているとの認識からユングは出発した。ユングはフロイトの思想の脆弱《ぜいじゃく》さを指摘したのではない。フロイトがもたらした業績の偉大さとそこに内包されていた悲劇を最初に、そしてもっとも深く認識していたのは、ほかならない、ユングだった。彼がフロイトと訣別《けつべつ》しなくてはならなかったのは、フロイトの思想を否定したからではない。むしろ、時代と闘いながら夢と意識をつなごうとした、稀有な思想家の軌跡を本人よりも精確に認識していたからである。フロイトの宿命を最晩年のユングがこう語っている。

> フロイトはエロスの力に非常に強く動かされていたにちがいないので、実際にはそれを宗教的なヌーメンのような教義——高く永遠な——にまで高めることを望んだのだと私は結論を下した。〔ニーチェの〕「ツァラツゥストラ」が福音の宣言者であるということは何ら秘密ではなく、ここに同じように教会をしのぎ、理論を聖典と認めるべく努力しているフロイトがいたのである。(『ユング自伝』河合隼雄他訳)

ここで論じられているのは、フロイトの個性であるより、夢と無意識が本源的に宗教的である事実である。無意識的にであったにせよ、フロイトにとって深層心理学の始祖になるとは、新しい「宗教」の教祖になるに等しかった、というのである。心理学を「科学」化することの宣言である『夢判断』の扉にフロイトは、ウェルギリウスの『アエネイス』の一節を引く。「天上の神々を動かしえざりせば冥界を動かさむ」。神々を動かすことができなければ、死者たちを動かそう、との一節を引くことが、フロイトにとって夢は死者と交わる場だったことを明示している。

『死者への配慮』と題する本でアウグスティヌスは、夢をめぐって、次のような言葉を残している。「もし死者の魂が、生者に起こる事柄に関わってくるならば、もし本当に彼らが、私たちの寝ている間に、私たちに言葉をかけてくるならば、〔中略〕そうならば、私の敬虔な母は私を毎夜訪れたことでしょう。あの母は海と陸の隔たりを越えて、私と共に生きるために私についてきたのですから」（ピーター・ブラウン『アウグスティヌス伝』上巻、出村和彦訳）。

アウグスティヌスの『告白』を読むと夢をめぐる両義性が描かれている。一方は超越者の働く場であり、もう一方は偽善者たちが自らの正当性を語る根拠である。だが、アウグスティヌスの母親であり、永遠の守護者だったモニカにとって夢は、「神」への窓であり、神が語る場だった。モニカは息子の回心を夢を通じて知り、そのことを息子にも熱をもって語った。モニカに限らず、当時のアフリカにおいて「キリスト教徒の信仰も劇的なものであった」と『アウグスティヌス伝』の著者ピーター・ブラウンは書いている。

さらにブラウンは同書で、こう述べている。「夢やトランス状態はありふれたことであった。一介の農民でさえ、昏睡状態で何日も横たわっていようとした。そしてモニカはすでに見たように、夢に大きな信頼を置いていた。これらの夢はもう一つの別の世界を直接に垣間見させるものと了解されていた」。夢は、アウグスティヌスの生涯にわたって特別な意味をもち続けた。最晩年、死の床にある彼の姿を、ブラウンは夢をめぐる印象的な言葉で描き出している。

　彼の死の床で、ある病人が癒されるためにそこへ連れてこられた。彼の最初の反応は、「もし私があなたが言うような癒しの能力という賜物を持っているとすれば、まず最初に私自身に適用したことでしょう」と冗談を言うことであった。しかし、この男が、夢によってここに来たことを聞くやいなや、彼は両手を、この男の上に置いたのであった。（『アウグスティヌス伝』下巻）

アウグスティヌスがいわゆる奇跡についても、冷静な態度で臨んでいたことは、ここでの「冗談」からも分かる。しかし、来訪が夢に起因すると分かると態度を一変させるのだった。

　これまでのイエス伝で、夢の役割はほとんど論じられてこなかった。イエスは夢を見たのか、という問題すら、論じられることは、ほとんどなかった。イエスの夢に関する記述は新約聖書のどこにもない。しかし、それを想起させる言葉はある。

「よくよくあなた方に言っておく。あなた方は、天が開けて神の使いたちが人の子の上に昇り降りするのを見ることになる」（「ヨハネ伝」1・51）とイエスは自らのもとに集った弟子たちに言った。この一節は旧約聖書の創世記にある「ヤコブの梯子《はしご》」として知られる記述を思わせる。そこにはこう記されている。「彼〔ヤコブ〕は夢を見た。その先端が天に届く階段が地に立てられ、見よ、神の使いたちがこれを昇り降りしていた」（28・12）。ここでも夢に天使が現れる。そして、梯子の先端にいる「神」が、ヤコブに向かってこう語った。

> 見よ、わたしはお前とともにいて、お前がどこへ行ってもお前を守り、この土地にお前を連れ戻す。わたしはお前に約束したことを果たすまでは、お前を決して見捨てない。（28・15）

トマス・アクィナスが言うように、夢が天使を媒介とした啓示であるなら、「ヤコブの梯子」に語られたように、イエスもまた、夢で天上へと続く「梯子」を見たのではなかったか。そうであるなら、イエスが最後に言った言葉も、異様なまでの現実味を帯びて迫ってくる。次に引くのはマタイ伝で描かれている十字架上で息絶えるイエスである。

さて、正午から、闇《やみ》が全地を覆い、三時まで続いた。三時ごろ、イエスは大声で叫ばれた、「エリ、エリ、レマ、サバクタニ」。これは、「わたしの神、わたしの神、どうしてわたしをお見捨てになったのですか」という意味である。（27・45〜46）

「お前を決して見捨てない」と「神」が言う夢を見ていたからこそ、イエスから「どうしてわたしをお見捨てになったのですか」との言葉がこぼれ落ちたのではなかったか。現代は、夢から意味を読みとることを忘れ、「象徴」の意味を見失いつつある。「象徴」とは、表現上の比喩ではない。実在が顕現する高次の現象である。史実にあまりに重きを置き「科学」であることに満足した現代の学問は、事実の奥で現象している出来事と交わる術《すべ》を見失ったままなのである。新約聖書には、イエスの生涯を語る不可視なコトバが無数に潜んでいる。

第四章　洗　礼

誕生の前後の光景を別にすると、幼きイエスに関する記述は、きわめて少ない。「幼子は成長し、たくましくなり、知恵に満たされた。神の恵みがその上にあった」（2・40）とルカ伝に記されているだけである。

同時代に書かれた伝記的事実を語るほかの文献は存在しない。だが、周辺情報であったとしても、イエスの周辺を固めていこうとする態度は聖書学に強くあって、彼が幼年時代を生きた時代史、文化史の研究は進んでいる。とはいえ、それらがイエスの個性までを照らし出す、というわけではない。歴史的事実としては、イエスがどこで生まれ、どのように育ったかは分からない。今日も私たちは「ナザレのイエス」という言葉をたよりに、そこで生活したと思っているに過ぎない。

その一方で、幼きイエスの姿は、十字架上のイエスと並んで、さまざまな文化において、画家、彫刻家をはじめとする芸術家たちによって、しばしば描き出されてきた。カトリックの聖人アッシジのフランチェスコの高弟で、やはり聖人とされたパドヴァのアントニウス（一一九五〜一二三一）のように、その姿が絵画になるときにはきまって、百合《ゆり》の花と幼きイエスが描かれる、という場合もある。

　史実としてはほとんど語られなかった人物像が、信仰の変遷の中で意識下においてよみがえってくる。本書では、言葉が多層的であることには何度かふれてきたが、歴史もまた、同じである。

　心の奥に歴史を感じようとする者にしか映じてこない出来事がある。そうした認識の地平があることを、一度なりとも引き受けてみなければどうしてもふれることのできない場所が、新約聖書にもまた、存在する。

　歴史は、個々の記憶の中にあるのではない。記憶の彼方に存在する。むしろ、時代に記憶されていることは、いつも歴史の断片に過ぎない。それは、個々の生涯を振り返ってみても分かる通りだ。私たちの生涯は、自分が、あるいは他者が記憶しているよりもずっと豊かで意味深い。歴史は、歴史家によって調べられた史実の中にだけあるのではない。歴史という生き物は、いつも歴史家の考察を創造的に打ち破って私たちに呼びかけてくる。それは聖書学においても変わらない。

　聖書学者の真摯な探究が明らかにする史実が、信仰者の伝統と異なるという理由で否定される。あるいは信仰者たちの伝統を、聖書学者が、学問的根拠が薄いと批判する。こうした関係のもとでは、どこまで行っても何も生まれはしない。

史実が、彼方なる世界への窓となるとき、あるいは、彼方からの光が学問を照らすとき、それぞれの意味と意義が一層明らかになり、まったきものへ近づいてゆくのではないだろうか。

新約聖書とは、畢竟《ひっきょう》、事実を超えた「真実」の物語である、と言ったのは遠藤周作《えんどうしゅうさく》である。事実の奥に「真実」を見る働きをプラトンは「想起」と呼んだ。遠藤のイエス伝『イエスの生涯』にも、想起の働きは生きている。彼は、想起の働きを十全に用いる場を求めて小説を書き続けた。彼の小説に、新約聖書には描かれていない、あるいは『イエスの生涯』においても描き切れなかったイエスの姿があるのは当然である。そこにこそ、同時代のキリスト教会との緊張関係をはらみながらも、彼が作品を書き続けた根本動機がある。

四つの福音書は、イエスの生涯を描いている点では共通しているが、内容は必ずしも同じではない。むしろ、ときには大きく異なることが、複数の福音書が存在する根本的な理由ともなっている。

福音書の作者を「聖書記者」と呼ぶが、どの福音書も記者はおそらく単一人物ではないと考えられている。それは、イエスの生涯をある一面から認識することの危険性を示す歴史的な叡知だともいえる。

マルコ、マタイ、ルカの三つの福音書は、比較的近似した出来事が語られていることから「共観福音書」と称される。一方、ヨハネ伝の視座は、明らかに先の三つとは異なる。語調、内容、認識など、さまざまな点において明らかな差異を感じさせる。新約聖書におさめられた四つの福音書のほかにも、外典として知られる「福音書」あるいはそれに類する文書が存在している。その中に、福音書の欠落を埋めるような五歳以降の少年期のイエスを描く「トマスによる幼年時代のイエスの物語」として伝わる文書がある。

この文書は、二世紀ごろに書かれたのではないかと現在では考えられている。そこで描かれているイエスは異能の少年である。濁った水を澄ませ、泥で作った鳥に命を吹き込み、また、負傷者を癒やし、死者すらもよみがえらせる。これらの行いの根源になっているのはコトバの力である。嬰児《えいじ》をよみがえらせる少年イエスを見て、ある人が言った。「ほんとうにこの子は神か神の使いだ。言葉はみな成就する」(「トマスによるイエスの幼時物語」八木誠一訳、『新約聖書外典』)。

＊

ルカ伝は、十二歳になったイエスの姿を伝えている(2・41~50)。ほかの福音書に類似した記述はない。

ユダヤ教の祭事である過越《すぎこし》の祭りの時節になると、イエスの家族は毎年エルサレムへと巡礼に赴くのを常とした。ユダヤ教の律法は、それを男子の義務としていたのである。一家は他の家族と共に旅立った。

道中も無事で、祭儀も終わった。一家は帰路についたのだが、イエスは一人エルサレムに残っていた。「しかし、両親はそれに気づかなかった」と福音書には記されている。

マリアとヨセフは、イエスが旅人の群れのどこかにいると思っていた。だが、わが子の姿が見当たらない。親たちはエルサレムに駆け戻る。三日間捜し続けると、神殿にいるイエスを見つける。そこでイエスは、学者たちの言葉を聞き、また、彼らにするどい質問を投げかけていた。イエスの言葉に大人たちも驚きを隠せない。

わが子を見つけたマリアは、その光景にも驚くが、湧き起こる感情を抑えられない。どうして行き場所を告げずにいなくなったのか、どれほど心配したことか、と叱《しか》りつける。彼女は声を荒らげたかもしれない。するとイエスはこう応えた。「どうして、わたしをお捜しになったのですか。わたしは父の家にいなければならないことを、ご存じなかったのですか」。

「父の家」とは、神殿、すなわち神の家を指す。このときが、自分を「神の子」であると宣言したイエスの最初の言葉となっている。ルカ伝は、このイエスの発言を受け、「両親には、イエスの言葉の意味が分からなかった」（2・50）と記している。そして、「イエスは知恵も増し、背丈も伸び、ますます神と人に愛された」（2・52）と続ける。

　このとき、マリアとヨセフを、名状しがたい、しかし烈しい戦慄が貫いたのではなかったか。日々、子供が育っていくのは悦ばしい。だが、その一方で、幼き魂が垣間見せた叡知と霊性の次元が、自分たちとは、ほとんど隔絶されていることを認識せざるを得ない。彼らは恐れと畏れが入り混じった、霊的な慄きともいうべき経験に投げ込まれている。福音書で何もふれられないことによって現出するコトバには、宗教学者ルドルフ・オットー（一八六九〜一九三七）が、超越的体験の原型として論じた「ヌミノーゼ」の事実を見る思いがする。

「ヌミノーゼ」は、オットーの造語で、神霊を表すヌーメン（Numen）を語源にし、神霊的あるいは神兆的なるものを意味する。それは「敬虔な感情が強く搔《か》き立てられているときのもっとも深い底の部分にあるもの、救いへの信仰や信頼感や愛といったものよりも深いところにあるもの」、そして「ときとしてわれわれの内部でほとんど困惑させるほど激しく心情を揺り動かし、支配するようなもの」（『聖なるもの』久松英二訳）である。オットーはそれを「戦慄すべき神秘」とも言う。

　近代の宗教、ことにキリスト教が、「ヌミノーゼ」への窓を閉ざしてしまっている、とオットーは指摘する。彼ももともとはルター派のキリスト者だったが「ヌミノーゼ」を語る彼はすでに狭義の宗派を超脱している。中世インドの思想家シャンカラや中世の神秘家マイスター・エックハルトとの出会い、あるいは日本を含むアジアの地を訪問したことが、彼の眼をもう一つの次元に大きく開かせる契機になった。

封印された窓を開け放ち、彼方なる世界からの風を入れなければ、真実の意味における敬虔という宗教感情が枯渇する、と彼は訴える。オットーにとって敬虔とは、霊性の根柢をなす宗教感情である。それは霊的な震撼であり、恐れとは次元を異にする「畏れ」の感情を伴う。

畏れを覚えるような者に出会ったとき、それが何であるかを私たちは知り得ない。むしろ、不可知なものにのみ、畏れを抱く。イエスを子にもったマリアの日常とは、畏れの連続だったのではないか。マリアは、イエスを恐れたことはなかっただろう。だが、畏れを抱かなかった日もまた、一日もなかったのではあるまいか。

＊

身籠っていたマリアは、のちにイエスに洗礼を授けることになるヨハネの母エリザベトに会う。エリザベトもまた、身籠っていた、とルカ伝には書かれている。このことが史実か否かを今は問わない。むしろ、この物語が著されなくてはならなかった必然のほうがよほど重大な問題なのである。

この記述は、ヨハネとイエスがほぼ同年の生まれであることを伝えている。エリザベトは、訪れたマリアにこう言った。

> あなたは女の中で祝福された方。あなたの胎内の子も祝福されています。わたしの主の御母が、わたしのもとへおいでくださるとは、いったい、どうしたことでしょう。あなたの挨拶の声が、わたしの耳に入ったとき、胎内の子が喜び躍りました。主から告げられたことが成就すると信じた方は、ほんとうにお幸せなことです。(「ルカ伝」1・42〜45)

穏やかに描かれているが、この一節こそ、ルカ伝の中で、人間の口を通じて、もっとも早い時期にイエスが「主」すなわち救世主であることが告げられる場面なのである。マリア本人を別にすれば、イエスが誰であるのかを最初に認識したのは、女性であるエリザベトであり、さらに彼女の胎内にいる幼児、のちのヨハネだったことは注目してよい。

エリザベトにおいて典型的に表されているように、ルカ伝では他の福音書に比べ、女性が重要な役割を担う。圧倒的な男性優位の当時の社会で、女性あるいはその子供に大きな役割があることを示そうとする。このことにもまた、今日再度顧みるべき問題がある。

イエスが「主」であることを知ったエリザベトが、そのことをどう伝えながらヨハネを育てたか、福音書は具体的には伝えていない。しかし、ヨハネの言葉として伝えられる次の一節からは、日々彼女が、来るべきイエスとの邂逅《かいこう》を、荘重な思いで息子ヨハネに語っていたことが感じられる。

> わたしは水であなた方に洗礼を授けるが、わたしよりも力のある方が来られる。わたしはその方の履き物の紐を解く値うちもない。その方は聖霊と火で、あなた方に洗礼をお授けになる。その方は手に箕《み》を持ち、麦打ち場の麦をふるい分け、麦を倉に納め、籾殻を消えることのない火で焼き尽くされる。（「ルカ伝」3・16～17）

ほとんど同じ言葉がマタイ伝にもある。ほかの二つの福音書であるマルコ伝とヨハネ伝で言及されているのは「聖霊」の洗礼だけで、「火」の洗礼は語られない。

この一節で見過ごしてはならないのは、イエスが聖霊と火で洗礼を行うという指摘と共に、暗に「水」では行われないことも、ヨハネが明言していることである。

ヨハネは、預言者の風貌をまとって突然人々の前に顕われた。キリスト教ではこの人物のことを、イエスを含む多くの人に洗礼を授けたことから「洗礼者ヨハネ」と呼ぶ。ヨハネ伝の「著者」であるヨハネとは別人物である。

新約聖書における洗礼を類推させる営みとして、旧約聖書にも水による清めがしばしば言及される。ユダヤ教において水による清めは、浄化あるいは回心の営みとして行われていた宗教的儀礼だった。だが、それを洗礼者ヨハネによる「洗礼」とまったく同一視することはできない。むしろ、福音書は、さまざまな宗派のユダヤ人が「洗礼」を求めてヨハネのもとを訪れる光景を表すことで、ヨハネによって創始された「洗礼」が、従来の水による行いとは別の、まったく新しい意味を帯びていたことを描き出している。

*

キリスト教に入信するときには洗礼を受けなければならない、とされている。だが、その根拠は必ずしも明確ではない。仮に、イエスを神の子キリストであると信じる者、と「キリスト者」を定義するなら、すべてのキリスト者が洗礼を受けているわけではないからだ。

たとえば近代日本を見るだけでも、内村鑑三《うちむらかんぞう》（一八六一～一九三〇）によって始められた無教会に連なった人々のように、洗礼だけではなく、宗教的儀礼を信仰上の必須の条件であるとは考えなかった一群の人々がいる。新約聖書を読む限り、彼らの信仰を誤りであると断ずることはできない。

たしかに、イエスが洗礼者ヨハネから洗礼を受けたことは、四つの福音書すべてが伝えている。だが、イエス自身が洗礼をどう考えていたかとなると答えは容易ではなくなる。新約聖書を読む限り、明らかにイエスが洗礼を授けているという光景は描かれていない。唯一、それらしいと考えられる記述がヨハネ伝にある。

　イエスは弟子たちとユダヤの地に行き、そこにともに滞在し、洗礼を授けておられた。一方、ヨハネもサリムの近くのアイノンで洗礼を授けていた。そこには水が豊かにあったからである。そして、人々が来て洗礼を受けていた。（3・22〜23）

この一節を読む限り、イエスもまた、洗礼を授けていたように思われる。だが同じヨハネ伝の次章のはじめでは、洗礼を授けていたのはイエスではなく、弟子たちだった、と先の言葉を改めるような記述がある。

　さて、イエスがヨハネよりも多くの弟子をつくり、洗礼を授けているということをファリサイ派の人々は耳にした。イエスはそのことを知ると、――しかし、洗礼を授けていたのはイエスご自身ではなく、弟子たちであったのだが――ユダヤを去って、再びガリラヤへ赴かれた。（4・1〜3）

ここに引いた二つの文章では共に、イエスの本拠地ナザレから離れた「ユダヤ」の地における日々が語られている。時間的にきわめて接近した事象であることは明らかである。これらの記述は確かに、弟子たちが洗礼を授けることをイエスが黙認していたことは伝えている。だが、彼自身が積極的な意味を洗礼に感じていたとは断定できない。むしろ、彼はそこに重きを置いていなかったようにすら感じられる。

むしろ、これらの言葉を読んで、まざまざと浮かび上がってくるのは、洗礼者ヨハネ教団に静かに対抗心を燃やしながら負けまいと活動する弟子たちの姿ではないだろうか。イエスは洗礼を授けなかった、と断定することは留保するとしても、イエスにとって、行いとしての「洗礼」は絶対視されるべき営みでなかったことは確かだろう。少なくとも福音書におけるイエスは、洗礼を授ける必然性を力強く物語ってはいない。

＊

「聖霊」による洗礼とは、何を意味するのだろう。それは、洗礼という営みが目に見えないところで成就する出来事であることを示しているように思われる。聖霊による洗礼はいつ授かっているか分からない。それは、もしかしたら、私たちが人生の困難を前に、一人もがき、助けを求めてあえいでいるときかもしれない。聖霊による洗礼とは、人間の努力によって勝ち得るものではないだろう。それは自覚されないところで与えられ、私たちを守るのではないか。水による洗礼を受けるから救われるのではない。その洗礼を受けても、救われるのではないか。祈るから救われるのではない。祈っても、救われるのではないのだろうか。聖霊による洗礼は、言葉にならない祈りがあることを想起させる。

理由は何であれ、入信することができない、あるいは祈ろうとしても祈ることができない、救われないと苦しむ人を横目にしながら、自己の救いだけを求めるのが「宗教」であるなら、それはすでにイエスの生涯が示していることとは著しく乖離《かいり》している。聖霊は遍在する。それは風のように思うままに流れてゆく。新約聖書が書かれたギリシャ語では、聖霊を意味する「プネウマ pneuma」は、ときに風を、あるいは息吹《いぶき》を示すのである。

聖霊が不可視な働きを意味するように、「火」は、罪を焼き、新生を実現する働きを象徴する。また、火は燃やすものの姿を変える、すなわち存在の次元の変化を実現する。火は、根源的な赦しの顕われ、慈悲の顕現であるともいえる。

そうした「火」の意味を感じながら、次の旧約聖書の一節を読んでみる。旧約聖書における絶対者を、裁きの神、あるいは怒りの神と、一面的に断じることの困難を感じずにはいられない。

エドムの三つの罪、四つの罪のために、
わたしは撤回しない。
彼らは自分の兄弟を剣で追いかけ、
憐れみの心をまったく示さなかった。
その怒りはいつまでも激しく燃え、
その憤りは絶えることがなかった。
それ故、わたしはテマンに火を放つ、
火はボツラの宮殿を焼き尽くす。（「アモス書」1・11〜12）

旧約聖書には、このような一見、恐れを喚起させるような言葉が少なくない。だが、こうした言葉、あるいは言葉の奥に潜む、ほとんどヴィジョンといってよいコトバを前に戦慄と共に感じるべきは、やはり畏れなのではないだろうか。

「エドム」「テマン」「ボツラ」は地名である。そこに罪がはびこり、神はそれを焼き払う。しかし、それは単なる断罪の行為ではなく、むしろ、変容の働きであり、新生の促しであり、救済の始まりだったのではないか。

＊

洗礼が無意味だといったのではないにしろ、イエスは、洗礼を救いの条件にはしなかった。原始キリスト教団が信じたイエス像も同様ではなかったろうか。パウロが異邦人と救済の問題にふれて言った言葉は、キリスト者の洗礼を考えるときにも見過ごすことはできない。

　あなた方は古い人とその行いを脱ぎ捨て、深い知識へ進むようにと、創造主の姿にかたどって絶えず新しくされる新しい人を身にまとっているのです。そこにはもはやギリシア人もユダヤ人も、割礼を受けた者も受けていない者もなく、未開人とスキタイ人、奴隷《どれい》と自由の身の区別もありません。キリストこそがすべてであり、すべてのもののうちにおられるのです。（「コロサイの人々への手紙」3・9～11）

洗礼に意味がないのではない。パウロも回心のあと、アナニアという人物から洗礼を受けている。洗礼は、今日も秘跡であり続けている。しかし、パウロが明言しているように、洗礼の有無は、救済とは関係がない。パウロにとって救済とは内なるイエスを発見することだった。もし、洗礼の有無に固執するならば、大多数の洗礼を受けていない人々が救われないことをよしとすることになる。自分は救われ、ほかの人々が業火にさらされているのをだまって見ていることが、果たしてイエスの生涯に続く者がとるべき態度だといえるだろうか。

＊

イエスとの邂逅を望む者は、必ずしも、いずれかの「教会」に属する必要はない。ただ、彼との出会いを真摯に求めれば足りる、それが内村鑑三の信仰だった。内村鑑三の生涯とは、ひたすらにイエスとの邂逅を求めた歩みだった。そのためになら彼は、狭義の「宗教」すら捨てなくてはならないといったのだった。そうした内村の姿からは、次の親鸞《しんらん》の言葉が思い浮かぶ。

「法然《ほうねん》聖人にすかされまゐらせて、念仏して地獄におちたりとも、さらに後悔すべからずさうらふ」(『歎異抄』)。法然の言葉に「だまされて」、念仏することで地獄に落ちるようなことがあったとしても後悔することなどないというのである。親鸞もまた、「宗教」の創造的な破砕者だった。

内村が、洗礼をはじめとした祭儀あるいは秘跡を否定した、というのは俗説に過ぎない。

たとえば、娘ルツ子の死に際し、彼は聖餐式を行っている。ルツ子の死は、その後の内村の信仰に大きな影響を与えた。内村は本来、祭儀という霊的な営みであるはずの洗礼が、貧しき儀礼になっていることに強く抵抗する。

また彼は、原始キリスト教団においては、誰もが洗礼を授けることができたことに注目する。原則としてその伝統は引き継がれている。だが、実質的に洗礼は、司祭あるいは牧師によって行われている。内村はその閉鎖性に否を突きつける。

その一方で人々とイエスをつなぐ場という本源的な役割としての「教会」に対し内村は、生涯を通じて深い意義を見出してもいた。ただ、内村が危惧《きぐ》したように、「教会」がイエスと人々との関係を阻害するようなことは、けっしてあってはならない。彼にとっての「教会」とは、宗派でも組織でもなければもちろん建造物でもなかった。それは「罪人」の群れだった。彼は自らをしばしば「罪人の首《かしら》」すなわち、もっとも罪深き者であると呼んだのだった。

キリスト者が、イエスの霊性は今も生きている、と言うのなら、受洗の有無を問題にするのではなく、むしろ、洗礼の彼方にも「信仰」が生まれ得ることからも目を離してはならないだろう。そうした営みは、それぞれの宗派的伝統からは容易に行い得ないのかもしれない。だが、それゆえにこそ、その営みはまず、キリスト者にゆだねられているのではないだろうか。

第五章　預言者の使命

キリスト教の歴史上に預言者はいない。預言者は旧約時代に出現し、彼らによって伝えられた預言はすべて、イエスによって完成される、というのが現在のキリスト教の教義だからだ。キリスト教は、ユダヤ教の預言者を認めている。だが一方、預言者の問題をめぐって、イスラームとは著しく衝突する。

先にもふれたように、イスラームにおいてイエスは預言者の一人に数えられるが、キリスト教は、イエスの後に生まれたムハンマドを預言者とは認めない。イエスと同時期に生まれた洗礼者ヨハネもまた、キリスト教では預言者ではない。彼自身が預言者であることを否認したのである、とヨハネ伝には記されている（第四章でもふれたが、洗礼者ヨハネとヨハネ伝の「著者」であるヨハネとは別の人物である）。

ヨハネの水による洗礼は、従来のユダヤ教徒にもある驚きと衝撃、そして動揺をもって迎えられた。ある人々はヨハネに、何の権能によって洗礼を行っているのかと再三尋ねる。

そして、あなたは救世主か、そうでなければ預言者エリヤの再来か、と問われ、そのたびごとに彼は、救世主でもエリヤでもないと否認する。エリヤは旧約時代の紀元前九世紀の預言者で、生きたまま天に上げられたとされ、メシア到来のとき先駆けとして再臨する、と信じられていた。それならば新たな預言者なのか、と聞かれ、やはり「違う」と彼は答える。人々はさらに、ヨハネにいったい何者なのかと詰め寄る。そこでヨハネは次のように答えた。

わたしは、預言者イザヤが言ったように
「〈主の道をまっすぐにせよ〉と、
荒れ野に叫ぶ者の声」である。(「ヨハネ伝」1・23)

「荒れ野に叫ぶ者の声」とは、たしかに旧約聖書の預言書イザヤ書の一節にある。この発言をヨハネは「主の道をまっすぐに」することが使命であると言った、と読むこともできる。だが、福音書に刻まれているヨハネの言葉は、そのような表層言語の壁を打ち破る語気を秘めている。ヨハネは、私は「声」である、と宣言する。ここでの「声」は、神のコトバを運ぶものを意味する。

先に見たようにエリザベトの母胎にあるときからヨハネは、メシアの降臨に無音の

「声」で喜びを顕わにしていた。同質の出来事が旧約時代の預言者エレミヤの言葉を記した「エレミヤ書」にある。この預言書の冒頭には、エレミヤの召命をめぐって次のように描き出されている。「召命」とは、ある役割を行う者として神から召し出されることを指す。

主の言葉がわたしに臨んだ、
「わたしは、お前を母の胎内に形づくる前から、
お前を知っていた。
お前が母の胎から生まれる前に
わたしは、お前を聖別し、
諸国の民の預言者とした」。（1・4〜5）

「言葉がわたしに臨んだ」と記されているように、語りかける実体は、ヨハネが感じていたようにエレミヤにも「言葉」であると認識されている。エレミヤが直面していたのは、単に言葉を聞く経験ではなく、「臨んだ」とあるように、言葉が不可避的に宿る出来事だった。エレミヤだけではなく、預言者の多くは、皆、預言者となった現実から逃れようとする。だが、彼らは皆、すでに「言葉」から逃れることはできなかった。「神」の選びは、

あるいは「言葉」の宿りは、容易には覆らない。

母胎に宿る前から預言者となる宿命にあったことを聞かされたエレミヤは、強く当惑する。若輩に過ぎない自分には語るべきものは何もない、と応える。すると再び「言葉」が、次のように語り始める。

若者にすぎないと言ってはならない。
わたしが遣わす所には、誰の所へでも行き、
わたしが命じるすべてのことを語れ。
彼らを恐れてはならない。
わたしはお前とともにいて、
お前を必ず救い出す
――主の言葉。（1・7～8）

ここでの「わたし」とはエレミヤではない。「神」である。だが、「声」は人間エレミヤの口から語られている。宗教的言語の世界を読み進めるとき、預言者における私と「私」の問題はときに混乱の種となる。

歴史を顧みると、その混乱によって神を冒瀆したとして、命を落とした人も少なくない。

預言とは、言葉による啓示、あるいは啓示が言葉化した出来事である。預言者が預言を口にし、「私」と言うとき、それは人間としての固有名に帰属する私ではない。それは「神」が主格となった「私」なのである。

先の「言葉」が語られると、人の姿が現れ、手を伸ばし、エレミヤの口にふれる。そして「見よ、わたしの言葉をお前の口に授けた」と言う。この記述が示しているように、預言においては、「言葉」が先行し、ヴィジョンがそれを補完する。

預言書を読むとき、私たちはそこに記されている言葉が、預言者の口から語られていることを忘れてはならない。

先に引いた「若者にすぎないと言ってはならない」との一節は、エレミヤの意志とは別に、エレミヤの口から出て、その声をエレミヤもまたほかの人々と同様に「聞いて」いる。それを誰かが書き残し、預言書としてまとめる。その言葉を私たちは読んでいる。ここが、世界に預言が顕現し、定着する現場なのである。

現代だけでなく、エレミヤの時代においても、預言と預言者は容易に受け入れられなかった。あるとき彼はエルサレムで瀕死《ひんし》になるほどの石打ちの迫害に遭い、その後、エジプトで、やはり石打ちによって殺害されている。旧約の預言書に記されている苛烈《かれつ》なまでの「神」の言葉の背景には、預言者の殺害に典型的に見られる、人間による神への裏切りがある。

＊

ヨハネに向かって彼が何者なのかと執拗《しつよう》なまでに質問を繰り返していたのは、戒律を厳格に守ることで知られていたファリサイ派の人々だった。ここでの問答は、単なる身分照会ではない。むしろ、異端審問に近い。何の霊的な背景ももたずに新たな秘跡を行うヨハネは、すでにファリサイ派にとっては異端者となっている。実際、後年のヨハネは、ファリサイ派をはじめとしたユダヤ教の右派の人々たちとの間に軋轢《あつれき》を生み、それも遠因となって「殉教」というべき最期を遂げなくてはならなくなる。

彼らはヨハネにメシア、エリヤでもなく、預言者ですらないのに、どうして洗礼を授けるのかと詰め寄る。するとヨハネはこう言った。「わたしは水で洗礼を授けるが、あなた方の知らない方が、あなた方の中におられる。わたしの後から来られる方で、わたしはその方の履き物の紐を解く値打ちもない」（「ヨハネ伝」1・26～27）。

この一連の言葉からは、ヨハネがユダヤ教の伝統に深くつながっていながらも、すでにそこから飛び出していることが伝わってくる。彼自身もそのことを自覚している。そうでなければ生命の危機を感じながら自身を「荒れ野に叫ぶ者の声」などと宣言する必然は生まれてこない。

啓示は、必ずしも言葉として顕われるとは限らない。ヨハネが、自身を「預言者」ではない、と答えているのはおそらく、彼を通じて顕われているのが「声」あるいは「水」であって、これまでの預言と同じ姿をしたいわゆる「言葉」ではないからであるに過ぎない。コトバが、言語を超えた働きをもつ意味であるとするなら、ヨハネを貫く「声」とその手を伝わる「水」もまた、轟《とどろ》くコトバ、流れるコトバであると考えてよい。

四つの福音書はイエスの生涯という一つの主題をめぐって記されていながら、およそ記述内容にはけっして小さいとはいえない差異がある。実は、四つすべての福音書に記されている出来事は、さほど多くない。たとえば、マルコ伝やヨハネ伝にはイエスの誕生の光景は描き出されていないし、よく知られた「貧しき者は幸いである」の一節を含む「山上の説教」もマタイ伝とルカ伝だけにある。そうした中で、十字架上で亡くなるまでのイエスの受難と共に、洗礼者ヨハネに関する記述は、すべての福音書に記述されている。この事実は、原始キリスト教団における洗礼者ヨハネの存在が、今日のキリスト教徒が感じているより、いっそうなまなましく、大きな意味をもっていたことを端的に示す。洗礼者ヨハネが原始キリスト教会で重んじられたのは、福音書に次のようなイエスの言葉があったからである。

〔洗礼者〕ヨハネの弟子たちが立ち去ると、イエスは群衆に、ヨハネについて語り始められた、「あなた方は何を見に荒れ野へ行ったのか。風にそよぐ葦か。では、何を見に行ったのか。柔らかな衣を着た人か。柔らかな衣をまとった人々なら王宮にいる。では、何のために行ったのか。預言者を見るためか。そのとおりである。あなた方に言っておく。彼は預言者に勝る者である。〔中略〕女から生まれた者の中で、洗礼者ヨハネより偉大な者は現れなかった。しかし、天の国で最も小さな者でも、彼より偉大である。（「マタイ伝」11・7〜11）

ヨハネは「預言者に勝る者である」、とは、ヨハネへの讃辞に留まらない。この一節は信仰世界の変動を意味している。事実この一節のあと、イエスは「預言者と律法が預言したのは、ヨハネの時までのことである」と、旧約時代の終わりと新しき「時」の幕開けが、ヨハネによって告げられている、と言う。さらにイエスは、「ヨハネこそ来たるべきエリヤである」と続けた（11・13〜14）。

ここでの「エリヤ」は、単に固有名としてヨハネに対比せられているのではない。ヨハネは、預言者エリヤにも「勝る者」であることは直前に宣言されている。ここでの「エリヤ」はむしろ、ヨハネを語る言葉ではなく、イエスが自身の使命を表現する言葉として読むべきなのだろう。ヨハネを「エリヤ」の再臨であると言うことでイエスは、自分がメシアであることを同時に告白したのである。

生前のイエスを「救世主」であると認めていた人間は、けっして多くない。新約聖書を読む限り、十二人の弟子たちにとってすら、生前のイエスは純粋な宗教的あるいは霊的指導者であるよりも、まず政治的な解放者として認識されていた色彩が強い。事実イエスは政治犯として処刑されている。だが、その中で例外だったのが、マリアとヨセフ、母エリザベトに続き、その息子ヨハネだった。

「キリスト教徒」であるか否かはキリスト教会に認められなくてはならない。だが、「キリスト者」であることには何の認定もいらない。洗礼を受けていない「キリスト者」はいる。

誰であれ、洗礼は他者から受けなくてはならない。イエスもヨハネから洗礼を受けた。だが、洗礼者ヨハネは「水」の洗礼を受けていたのだろうか。福音書を読む限り、その事実は確認できない。イエスとヨハネがはじめて出会ったときのことをマタイ伝はこう記している。

そのころ、イエスはガリラヤからヨルダン川にいるヨハネのもとに来られ、彼から洗礼を受けようとされた。しかし、ヨハネはそれを思い留まらせようとして言った、「わたしこそあなたから洗礼を受けるべきです。あなたがわたしのもとにおいでになったのですか」。イエスは仰せになった、「今は、止めないでほしい。このように、な

すべきことをすべて果たすのは、わたしたちにふさわしいことだから」。（3・13〜15）

ひとたびヨハネは、イエスから洗礼を受けることを願い出る。この事実は、それまでヨハネが洗礼を受けていないことを示している。しかし、互いになすべきことを果たそうと言い、イエスが、ヨハネから洗礼を受ける。

おそらく、ヨハネは生涯、洗礼を受けることはなかったと思われる。だが、かねてからヨハネが言っていたように、彼はこのときイエスから不可視な「聖霊と火」で洗礼を受けたのではなかったか。また、「今は、止めないでほしい」、それは果たされなくてはならない、とのイエスの言葉によって、これが「最後」の洗礼である、との、いわば「洗礼」の完成が告げられているように思えてならない。

洗礼者ヨハネの出現によって、すべての預言と律法は完成する。イエスが、ヨハネからの洗礼を受けることによってそれが出来事として世界に刻まれる。そうでなければ、「預言者と律法が預言したのは、ヨハネの時までのことである」と言ったイエスの言葉が薄まってしまう。

先の引用では、ヨハネがイエスの姿を見た途端、そこにメシアの顕現をはっきり感じていることが分かる。ヨハネはイエスが「キリスト」となるべく生まれていることを看破している。

ヨハネ伝ではさらになまなましくその光景が描き出されている。向こうから近寄ってくるイエスの姿を見て洗礼者ヨハネは、弟子たちに向かって「見るがよい。世の罪を除く神の小羊だ」（1・29）と言う。

洗礼者ヨハネこそ、水による洗礼を受けていない最初の「キリスト者」ではなかったか。他者に洗礼を授けていた彼の生涯が、洗礼によらずとも「キリスト者」たり得ることを体現してはいないだろうか。だからこそ、すべての福音書の記者たちは、領主ヘロデによるヨハネの処刑をなまなましいまでに記述し、最初の「殉教者」として信仰史に刻んだのである。

あるとき領主ヘロデによって逮捕され、ヨハネは自由を失う。身に危険が迫っていることをヨハネは感じていたのかもしれない。彼は弟子をイエスのところに遣わし、イエスが「来るべき」者、メシアであるかどうかを確かめようと試みる。イエスの口から、それが真実であることを語らせようとするのである。先に引いたイエスがヨハネに贈った讃辞は、ヨハネの弟子たちが訪れ、帰ったあとに発せられたものだった。

福音書を見る限りイエスは、ヨハネとその弟子たちに向かって直接、自分がメシアであることを語らない。先の引用にもあったように、「ヨハネの弟子たちが立ち去」ってから、人々に向かってイエスは、ヨハネと自らに関して語り始めている。イエスはヨハネの弟子たちに、彼らがイエスのもとで見聞きしたことをそのままヨハネに伝えるように、と促す。そして「目の見えない人は見え、足の不自由な人は歩き、重い皮膚《ひふ》病の人は清められ、耳の聞こえない人は聞こえ、死者は生き返り、貧しい人は福音を告げられている。わたしにつまずかない者は幸いである」(「マタイ伝」11・5〜6)と続ける。

ここでイエスがメシアであることを言語によって語らないのは、奇跡もまた、コトバたり得るからである。イエスはそれを疑わない。奇跡は福音書で、もっとも謎《なぞ》めいているコトバ、すなわち意味の深みへと私たちを導く。ここでイエスが語っている一つ一つの奇跡は、表記文字、あるいは言語としての言葉を、はるかに凌駕《りょうが》する。そうした意味の塊となっている高次のコトバがイエスとヨハネの間で著しく呼応し、共振することも、イエスははっきりと感じている。

*

本章の冒頭に、キリスト教には預言者が不在である、と論じ、「現在の」と留保したのには理由がある。今日的見解とは異なるが、ある時期までのキリスト教会では預言者の存在を認めていた痕跡《こんせき》があるからである。

次に引く、パウロの「コリントの人々への第一の手紙」の一節は、預言者だけでなく、今日のキリスト教では封印されている現象が頻発していたことを窺《うかが》わせる。

> さて、あなた方はキリストの体であり、一人ひとりその部分なのです。そして、神は教会の中で人々を次のように任命されました。第一に使徒、第二に預言者、第三に教師、次に奇跡を行う者、それから病気を治す特別の恵みをもつ者、人を世話する者、司どる者、種々の異言を語る者などです。みなが使徒でしょうか。みなが預言者でしょうか。（12・27～29）

使徒に準じる存在として「預言者」が教会内にいたことは、この一節からはほとんど疑い得ない。その事実を、預言者不在という今日的な教義を前提に、ここでの「預言者」は旧約時代の預言者たちのことである、と言ってみたところで、パウロの手紙に記されている言葉の力強さを打ち消すことはできない。

先に引いた手紙が書かれたのは、紀元五〇年代の中ごろだと考えられている。イエスが死んで二十余年ほど後に書かれた計算になる。

新約聖書には二十七の文書がある。そこにイエスを語る「古い」言葉を探す。するとパウロ（生年不明～六五頃）の書簡が福音書とは異なる存在感をもって浮かび上がってくるのである。十四を数えるパウロの書簡中、もっとも古いとされているものの一つが「テサロニケの人々への手紙」で、執筆時期は五〇年代初頭であることが確認されている。パウロは、最初に成立した福音書マルコ伝が完成する前に殉教している。

これまでパウロの書簡は、史的イエスを考えるときの根拠であるより、教義としての「キリスト教」の母胎として論じられることが多かった。だが、イエスの生涯を考えるときもパウロの書簡は福音書とは異なる史料的意義をもつ。ルカ伝を書いたルカは、パウロの伝道にも同行した高弟であると考えられていて、もちろん彼を中心とした教団に、パウロの霊性は深く浸透している。

先の書簡に「第一に使徒」とあったように、原始教会において「使徒」は大きな権能をもっていた。もし、「使徒」がイエス生前の直弟子であり、イエスに直接派遣された者の呼称であるなら、パウロは「使徒」たり得ない。パウロは生前のイエスを知らないばかりか、イエスの教えを信じる人々を迫害する者たちの先頭に立っていた人物だった。だが、あるときパウロはイエスと「出会う」。イエスの没後、パウロがダマスコへ向かう途中、「光」となったイエスにパウロは打たれる。

それは文字通り「打たれた」経験となり、それからしばらくパウロは視力と話すことを奪われた。同時にパウロは、迫害を止め、イエスの教えを伝える者になれとの啓示を受けたのである。

パウロは、ほかの直弟子たちと同様、自らを「使徒」と呼ぶ。使徒パウロの存在を認めるということは、イエスを超時間的存在として認めることになる。すべての彼の言葉は、復活したイエスに「会った」という根本経験によって貫かれている。別な言い方をすれば、イエスに「会った」という経験を一度引き受けてみなければ開かれないコトバの時空が、パウロの書簡にはある。パウロにとって「使徒」の条件は啓示にさらされたか否かにあって、それが、イエスが生きていた歴史的時間で起こったかどうかはまったく問題にならなかったのである。

こうした態度を非理性的だと退けることもできる。だが、同質の霊性は、福音書を書いた人々においても変わらない。ことにヨハネ伝において、その自覚は著しい。ヨハネ伝を書いたのは、十二弟子の一人であるヨハネだと伝承されているが、おそらく史実ではない。パウロとルカの関係に近く、実際に書いたのは使徒ヨハネの霊性を継承する一群の人々だと考えられる。だが、彼らもまた、内心における「使徒」の自覚がなければ福音書を書いたりはしなかっただろう。

福音書が書かれた時代でも、パウロの書簡にあったように啓示、預言、奇跡や異言までもがまざまざと生きていた。彼らにとって信仰とは、彼方なる世界との交通を日常的に生きることだった。パウロの時代ばかりではなく、さらに時間が経過して、三八一年に公式な信仰宣言として採択されたニカイア・コンスタンチノポリス信条にも預言者をめぐる次のような一節がある。

わたしは信じます。主であり、いのちの与え主である聖霊を。
聖霊は、父と子から出て、
父と子とともに礼拝され、栄光を受け、
また預言者をとおして語られました。
（「ニケア・コンスタンチノープル信条」日本カトリック司教協議会認可）

父なる神、子であるイエス、そして聖霊という三位一体の神を信じる。聖霊は父と子なる神から出て、父と子と共に崇《あが》められ、そして、預言者を通して語った、というのである。ここでの「預言者」も旧約時代の預言者たちである、というのが通説だが、歴史的に考えると矛盾が出てくる。むしろ、この信条をパウロの手紙と重ねてみるとき、時代を領した霊性のうねりがまざまざとよみがえってくるのではないだろうか。聖霊による洗礼が、イエスによって始まると洗礼者ヨハネが宣言しているように、キリスト教における聖霊は、イエスを起源とするというのがキリスト教の重要な信仰だからである。

そもそも「聖霊」なる言葉は旧約聖書にはない。旧約聖書における「霊」と新約聖書の「聖霊」の働きは、必ずしも同質視できない。

「霊」は、万人にではなく、まずエリヤ、エレミヤ、アモスなどの限られた預言者に働きかけた。「わたしの霊を／すべての人の上に注ごう」（3・1）と万人に「霊」が働きかける言葉が記されたヨエル書の例もあるが、それは終末における「霊」の働きに言及したもので、他の預言書に見られるような預言の原動力としての「霊」とは異なる。新約聖書の使徒言行録（使徒行伝）には、イエス亡き後、使徒たちの長となった一番弟子だったペトロが説教を始めるとき、ヨエル書の一節を朗々と語り始める姿が記されている。

ペトロはもともと、大勢の人の前でよどみなく話すような者ではなかった。むしろ内気な、しかし内に固い思いを秘めているような、どちらかというと口下手、論議下手な人間だった。「ユダヤ人のみなさん、並びにエルサレムに住むすべての人々、あなた方に知っていただきたいことがあります。〔中略〕今は朝の九時ですから、あなた方が考えているように、この人々〔使徒たち〕は酔っているのではありません」（「使徒言行録」2・14〜15）と前置きしながら、ペトロは、次のようにヨエル書の一節を読み上げながら、語り始めた。

神は仰せになる、
終わりの日に、
わたしの霊をすべての人に注ぐ。
すると、あなた方の息子や娘は預言し、

若者は幻を見、
老人は夢を見る。
その日には、わたしの僕や、はしためにも、
わたしの霊を注ぐ。（「使徒言行録」2・17〜18）

ヨエル書で語られていたのは、イエスの没後に実現されることにほかならない、とペトロは言うのである。

新約聖書における「聖霊」は、旧約の「霊」にあったような場所的限定を破砕するかのように遍《あまね》く広がってゆく。そして、のちには「風」を意味するギリシャ語プネウマが「聖霊」を含意するようになっていったのである。

第六章　試みる者

ヨルダン川でヨハネから洗礼を受けたあとイエスは、荒れ野に導かれ、四十日の断食の末、悪魔の試みに遭う。

さて、イエスは霊に導かれ荒れ野に行かれた。それは悪魔によって試みられるためであった。そして、四十日四十夜断食した後、空腹を覚えられた。すると、試みる者が近づき、イエスに言った、「もしあなたが神の子なら、これらの石がパンになるよう命じなさい」。イエスは答えて仰せになった、

「「人はパンだけで生きるのではない。
神の口から出るすべての言葉によって生きる」
と書き記されている」（4・1～4）

マタイ伝の記述である。おそらく小学生にならない頃だった。ミサに出ていて、はじめてこの一節にふれたときの衝撃は言葉にならないまま、悪魔への恐怖と共に長く心に残った。

同様の記述はルカ伝にもある。成立の時期はマタイ伝が先である。だが、そうした資料的な事実は別にして、この出来事をめぐる問題は、マタイ伝のほうによりなまなましく表現されている。「それは悪魔によって試みられるためであった」との一節は、ルカ伝に見ることはできない。悪魔と渡り合うイエスの姿もまた、マタイ伝でいっそう独特な迫力と雰囲気をもって描かれている。マタイ伝は、「荒れ野」での試みがイエスに絶対的に不可避な出来事だったことを強調する。

悪魔が「荒れ野」にイエスをおびき寄せたのではない。導いたのは「霊」である。「霊がある人の上に降って留まるのを見たら、その人こそ聖霊によって洗礼を授ける者である」（「ヨハネ伝」1・33）と記されているように、「霊（プネウマ）」あるいは「聖霊（プネウマ・ハギオス）」は、福音書でしばしば語られる。ここで「霊」と「聖霊」はそれぞれ、一つの実在を呼ぶ、二つの呼び名だと考えてよい。「霊」は万物を司る。それはときに風の代名詞となり、遍在する超越からの祝福の息吹を意味する。

だが、現代のキリスト教は必ずしも「霊」を語ることに積極的ではない。それは今日始まったことではなく、ほとんど近代の霊的な宿痾《しゅくあ》だといってもよい。先に見たマタイ伝の一節が開示する世界に近づくためにも、まず現代人である私たちは「霊」の感覚を取り戻さなくてはならない。

優れたイエス伝の著者でもあったシュヴァイツァーは、神秘家パウロをめぐっても秀逸な論考を残している。そこで彼は、パウロが「霊」の働きを語る「コリントの人々への第一の手紙」にふれながら、この人物に起こった「霊」の働きにふれ、こう述べている。

> 霊の言葉に対するこのように大胆率直な態度は、原始キリスト教においてのみ考えられることである。パウロの手紙は二世紀に書かれたものであるのに原始キリスト教時代に遡《さかのぼ》るものであるかのごとく記されているのだとして、これを証明しようとする学者があるが、彼らはたとい、自分たちの説の反証に挙げられるすべての章句を反《はん》駁《ばく》しうるとしても、〔パウロの手紙に歴然たる〕霊の言葉に対するこのように率直な態度は、決して論駁しおおせるものではないであろう。(『使徒パウロの神秘主義』武藤一雄・岸田晩節共訳、『シュヴァイツァー著作集』第十巻)

文献を、物的資料としか見ない学者たちとは異なる文字を、自分は聖書に見ている、この眼に映るパウロの書簡には、「霊」の実在を示すコトバが記されている、というのである。この発言が特別なのではない。代表作の一つであるこの著作は全編同調の筆致で貫かれている。

ここで述べられているように、ある時期、いくつかのパウロの書簡をめぐって真偽が広く問われたことがあった。だが、第五章で、パウロの書簡が時代的にはイエスが生きていた時代に近いこと、また、イエスの生涯を考えるとき、福音書とは別な角度から照らし出す光になり得ることにふれた。記された言葉に響き渡る律動から、シュヴァイツァーはパウロの書簡の真正を疑わない。さらに新資料が出て、その見解が覆されることがあったとしても、彼は、再び同じ発言を繰り返すだろう。

パウロにとって「霊」が実在だったように、福音書を書いた者にも「霊」は畏怖すべき絶対的存在だった。「荒れ野」にも「霊」の働きが満ちている。「霊」に導かれ、イエスが赴いた「荒れ野」は、地上に存在する特定の地点を指していない。福音書でもイエスのほか人間の姿がないように、人間不在の場所、むしろ、人間が容易に立ち入ることのできない境域を示している。それにもかかわらず、誰も見ていないはずの「荒れ野」での出来事が福音書に記されているのはなぜか。

もちろん、この一節を後世の挿入であると考えるのが、もっとも「合理的」な判断ではある。だが、聖書は近代の合理主義に基づいて書かれてはいない。聖書の言葉は理性の働きを否まないが、それを超えてゆく領域があることを指し示す。

「荒れ野」は空想上の場所ではない。それは、天界と人間が生きている地上界の間にある、いわば中間世界である。天界の現実は人間には知り得ない。だが、人間はときに「霊」によってその境域に招かれる。中間世界は、すべての者に明らかなわけではないが、確かに門戸は開かれている。

その場所への招きは、狭義の意味における「キリスト教」へいつも疑義を抱き続けた、リルケのような詩人にも起こる。そこはリルケにとって天使たちの世界だった。ある書簡でリルケは、自作の詩『ドゥイノの悲歌』に描き出された天使にふれ、『悲歌』の天使は、私たちが行いつつある、眼に見えるものを眼に見えないものへと変じる仕事を、すでにその内部で成就しているように感じられる存在」だと述べ、こう続けている。

> 『悲歌』の天使は眼に見えないものにより高次な実在があることを保証してくれる存在です。――しかし、人間は見えるものを愛し、これを変容させようとしながらも、なお、それらに固執しています。ですから、そんな私たちにとって天使は「おそろしい」存在となるのです。（筆者訳）

新約聖書では時折、前ぶれなく天使界と呼ぶべき中間世界での出来事が語られる。それはときに人間に恐怖と畏怖の入り混じった「おそれ」を抱かせる。むしろ中間世界という境域が、人間にとっては「おそれ」に直面する場所なのである。だからこそ、『悲歌』でリルケは「すべての天使はおそろしい」と書かなくてはならなかったのである。パウロも、こうした世界での経験を語る言葉を残している。コリントに暮らす信徒に向かって彼は、その出来事を次のように書き送っている。

十四年前——体ごとであったか、体を離れてのことであったか分かりません。神がご存じです——第三の天にまで連れていかれました。そして、この人〔パウロのこと〕が——体ごとであったか、体を離れてのことであったか分かりません。神がご存じです——楽園にまで連れていかれ、口にするのも畏れ多い言葉、人間には語ることが許されていない言葉を聞いたのを、わたしは知っています。（「コリントの人々への第二の手紙」12・2〜4）

この書簡が書かれた時期には諸説ある。仮にいくつかある見解の一つに従って、紀元五四年とした場合、「十四年前」は紀元四〇年となる。パウロのダマスコでの回心を三四年、イエスの死をそれ以前と考えると、先に見たパウロの言葉は、新約聖書に記録された直接的な証言としても、もっとも古い時代の出来事の一つ、ということになる。ここに記されたパウロの告白を字義通りに認めるか否かはそれぞれの意見があるだろう。だが、それを語るパウロの息遣いから考えても、パウロ自身は、わが身に起こった経験の真実性を深く信じていたことは論を俟《ま》たない。パウロにとって福音を生きるとは、この世でキリストのコトバを宣《の》べ伝えることだけでなく、「異界」との媒介者となることだった。
だが、当初、彼が語る言葉をそのまま信じる者は少なかった。「復活のイエス」に出会ったと告白するパウロのダマスコでの回心も、ほかの使徒には簡単には認められなかった。「体ごとであったか、体を離れてのことであったか分かりません。神がご存じです」とパウロが留保を繰り返しているように、彼が生きていた時代でも、その言葉を疑う者は多かったのである。

一方パウロは、どれほど周囲にそれを疑われようと、ダマスコで「なぜ、わたしを迫害するのか」とのキリストの声を聞いたという経験が、日々内心によみがえることを打ち消すことができない。そのとき彼が選んだのは、語ると共に体現することだった。「霊」の経験のあと、パウロにとってもっとも雄弁な営為は、沈黙の実行だった。そうでなければ、地中海を間に、陸と海の両方から、その周辺を取り囲むように進む長きにわたる伝道の旅に出たりはしなかっただろう。彼は、あくまでも「復活のイエス」からコトバを託されたものであるという自覚を失わない。マタイ伝にあった「荒れ野」をめぐる記述にも同じ態度が窺える。「荒れ野」での光景を記すマタイ伝の作者たちにもまた、イエスから「直接」にこの出来事を語られたという確信がある。そう考えなければ、先に見た悪魔との対《たい》峙《じ》もただの寓意《ぐうい》に過ぎなくなる。

＊

「荒れ野」で断食をしたイエスは空腹を覚えた、と記されている。先に引いたマタイ伝の記述を読むと、四十日という期間はイエスに定められた忍耐の時間ではなく、むしろ、彼が完全に飢えを身に引き受けるために、どうしても必要な日々だったように読める。イエスが耐えがたい飢えと渇きを感じたとき、悪魔はイエスにささやきかける。

悪魔は、ときに「試みる者」と呼ばれる。ここでの「試み」とは、単に真実性を確かめることではない。それが許されざる罪であるなら、どこに救済の可能性があるだろう。生きるとは、いつも神の意思を試すことになる、それが人間の生の常なのではないだろうか。ここでの「試み」はそうしたこととはまったく異なる。それは、万物を司る根源的秩序の転覆を意味する。

悪魔はイエスに、もし神の子であるなら、石に向かってパンになるように命じてみろと言う。イエスは次のように応えた。「人はパンだけで生きるのではない。神の口から出るすべての言葉によって生きる」（「マタイ伝」4・4）。

中間世界において、イエスのコトバは秩序そのものである。イエスのコトバによってその世界の基盤が変じることを悪魔は知っている。イエスは悪魔と対峙するが、その問いを受けない。石にパンになれと命じることを拒むだけでなく、万物は「神の口から出るすべての言葉によって」生かされると告白することによって、悪魔の言葉を根源的に無意味化する。悪魔の問いがどれほどの脅威を伴って迫っても、そこに真正なる意味が欠如していることを、イエスのコトバは露呈する。

　ここでの「意味」とは、超越と世界との不断のつながりを指す。「意味」は遍在する。それを私たちが見出せないとしても、その実在が損なわれることはない。死者や天使のように不可視なものでも存在する。だが、意味を失ったものは存在することができない。

　聖書を繙《ひもと》いたことがない人でも、「人はパンだけで生きるのではない」との一節は聞いたことがあるかもしれない。聖書が原典であることを意識しなくても、この言葉を口にする人に出会うことがある。だが、それに続く一節、「神の口から出るすべての言葉によって生きる」となると、それを口にする人に出会うのは稀《まれ》である。

「人はパンだけで生きるのではない」とのイエスのコトバはしばしば、人は物質のみに生きるのではなく、非物質的なものによって生かされていると解釈されてきた。共産主義が席捲《せっけん》したときなど、唯物論に対抗する一節であるかのように語られることも少なくなかった。だが、状況を「神の口から出るすべての言葉」に転じると様相はまったく異なる。言葉によって生きる、といっても、ある人々にとっては、それは一種の比喩《ひゆ》でしかなく、真剣な論議は容易には起こらない。

確かに福音書の「パン」とは、食糧の代名詞であると共に五感で感覚できるものを示している。しかし、イエスは食糧としてのパンを軽んじるような姿勢をけっしてとらない。四十日の断食を経て、飢えを経験したイエスは、不可視なもので空腹が満たされるというところから語ったりはしない。イエスの生涯において食、あるいは食物は、きわめて重要な働きをもつ。弟子たちとの最後の集いが晩餐だったこともそれを証ししている。腹をすかせる人々を前にしたとき、まずイエスが行ったのは彼らの空腹を満たすことだった。彼が信仰の意義を彼らに説くのは食物を与えたあとである。

よくよくあなた方に言っておく。
あなた方がわたしを捜し求めるのは、
徴《しるし》を見たからではなく、
パンを食べて満腹したからである。
なくなってしまう食べ物のためではなく、
いつまでもなくならずに、
永遠の命に至らせる食べ物のために働きなさい。（「ヨハネ伝」6・26～27）

飢えはまず、満たされなくてはならない、という立場をイエスは離れない。だが彼は、肉体が満たされるのを感じたなら、魂の飢えからも、目をそむけてはならないというのである。
「食」と福音の近接した関係は、すべての福音書において語られているが、中でもヨハネ伝における「パン」の一語は、高次な象徴的意味を帯びている。イエスは、自身を「命のパン」である、と告白する。

わたしが命のパンである。
わたしの所に来る者は、
決して飢えることがなく、
わたしを信じる者は、
もはや決して渇くことがない。（「ヨハネ伝」6・35）

人間の肉体が食べたものでできているように、私たちの魂はコトバによって育まれている。肉体の飢えが食物で満たされるように、魂の渇きはコトバによって満たされる。食物による飢えは、食べることでしか埋められないように、魂の渇きもまた、コトバによってしか満たされることはない。魂は「神の口から出るすべての言葉によって」生かされている。

食べるという経験には、それを口にすることでしか感じ得ない領域がある。食物を口にすることなく、顕微鏡や装置で解析するに留まるなら、本当の意味でそれにふれたとはいえない。同様にコトバにおいても、それを解釈する以前にひとたび、身に受けてみなければ見えてこない世界がある。聖書を読むとは、聖書に記されたコトバを「食す」ということでもある。あるいは「食する」ように読まなくては、それを身に経験したことにはならない。先に見たシュヴァイツァーの言葉にも同質の感慨が刻まれている。彼は聖書学を否定しない。だが、学問的方法を信じて疑わない、その態度を問うのである。絶対であると思う何かを感じたとき、人は真の絶対から遠ざかる。

＊

「ヨハネが捕らえられたと聞いて、イエスはガリラヤに退かれた」（4・12）とマタイ伝は伝えている。本章の冒頭に見たように、イエスは洗礼を受けるためにヨルダン川へ赴くのだが、この一節からは、少なくとも洗礼を受けてからヨハネが捕らえられるまでの期間、イエスはヨルダン川の近くにいたことが分かる。

生地ナザレからヨルダン川までは直線距離で二十キロほど離れている。この場所を後にしてイエスは、両親のいるナザレには帰らなかった。彼はガリラヤ湖畔の町カファルナウムに居を定める。この場所も生地から二十余キロほど離れた場所だった。

あるとき、ガリラヤ湖のほとりを歩いていたとき、イエスはペトロとその弟アンデレが湖で漁をしているのを見る。するとイエスが彼らに「わたしについて来なさい。あなた方を人を漁《すなど》る漁師にしよう」と言い、それを聴いた二人は網を投げ出してイエスに従う。同じくイエスは、やはり漁師であったゼベダイの子ヤコブとその兄弟ヨハネも弟子にする。記述に多少の違いはあるが、これが共観福音書――マルコ・マタイ・ルカ伝――に共通している、イエスがはじめて弟子たちと出会った光景である。

ただし、ルカ伝には、不漁に悩んでいた彼らがイエスの言う通りに網を降ろし、船が沈むほどの大漁に驚愕《きょうがく》し、イエスに従ったと記されている。ここにも「食」を最初に満たすイエスの姿がある。

ルカ伝で、イエスに最初に声をかけ、また、イエスに声をかけられるのはペトロである。ペトロはのちに一番弟子として原始キリスト教を率いていくことになる。マルコ伝、マタイ伝では、兄弟であるペトロ、アンデレに同時に話しかける。ここでもペトロの存在はしっかりと描かれている。だが、ヨハネ伝はまったく異なる邂逅の様子を伝えている。イエスに最初に出会ったのはペトロの弟アンデレで、彼は最初、洗礼者ヨハネの弟子だったというのである。

記述の違いだけでなく、この場面を語るヨハネ伝の記述は著しく現実味を帯びている。

そこには共観福音書にあるような「漁る」ことをめぐる物語性もない。聖書記者は、出来事を活写することに努めようとしている。ほかの福音書が日時を特定していないのに対し、ヨハネ伝では、イエスが洗礼を受けた翌日のことだったと述べられている。

洗礼者ヨハネは二人の弟子と共に、イエスが歩いているのを見つめ、弟子たちに「見るがよい。神の小羊だ」（「ヨハネ伝」1・36）と言う。すると弟子たちは、何かにかき立てられるようにイエスの後を追う。彼らはヨハネを捨てたのではない。「見るがよい。神の小羊だ」との言葉には、イエスの後を追え、との不可視なコトバが潜んでいる。

近づく者たちの姿を見つけるとイエスは、何を求めているのかと問いかける。すると彼らは、どこに泊まっているのかとイエスに尋ねる。「来なさい。そうすれば分かる」とイエスが答えると、二人はそのうしろを行き、イエスが宿泊するところまで行く。「その日はイエスの所に留まった。時は午後四時ごろであった」とまでヨハネ伝には記されている（1・39）。

その翌日のことだと思われる。随行者の一人だったアンデレが兄であるシモン・ペトロのところに戻ると、興奮気味にメシアを見つけたと言い、ペトロを伴って再びイエスのもとへと赴いたのだった。おそらくこのとき兄弟は息を切らしていただろう。イエスはペトロを見つめながら、こう言った。「あなたはヨハネの子シモンであるが、これからはケファ――訳すと「岩」――と呼ばれるであろう」（「ヨハネ伝」1・42）。

この記述はカトリック教会では大きな意味をもっている。「ケファ」は岩、すなわち動かない基盤を意味し、今日でもペトロを初代の教皇だと考えている。だが、共観福音書を見ても、ヨハネ伝を見ても、最初にイエスを見たのがアンデレである事実もまた、動かない。それだけでなく、アンデレがペトロとイエスを仲立ちする者として描かれているのは興味深い。

このときだけでなく、新約聖書でアンデレは、しばしば間を結ぶ者として描かれる。すでに多くの人々が知っていた晩年のイエスに面会を求めてきたギリシャ人、すなわち異教徒との間に立ったのも彼だった。

あるとき、病人を癒やす奇跡を行うイエスを一目見ようと五千人の人々が集まってきた。弟子たちは、彼らに何か食べるものを提供したいと思うができない。このときイエスは五つのパンと二匹の魚からすべての群衆を満たすものを現出させる「奇跡」を行う。このとき、「ここに、大麦のパン五つと魚二匹とを持っている少年がいます。でも、こんなに大勢の人では、それが何になりましょう」（6・9）とイエスに食物を差し出したのはアンデレだった。するとイエスは人々を座らせるようにと告げ、パンを手に取り、感謝を捧げ、「座っている人たちに分け与えられた」（6・11）とヨハネ伝にある。

先に見たように、ヨハネ伝における「パン」は、キリストから吹き込まれる「命」の象徴として描かれる。このときも人々が口にしたのは肉体が求める食物であると共に、イエスからもたらされるコトバではなかったか。

＊

先にパウロ、リルケの言葉をたよりに中間世界にふれた。人は、直接、神を見ることはできない。「恵みと真理とは、／イエス・キリストを通してもたらされた。／神を見た者は、いまだかつて一人もいない」（1・17〜18）とヨハネ伝にあるように、世界は仲介者を必要としている。また、パウロも、「ヘブライ人への手紙」でイエスを、「この上もなく優れた契約の仲介者」（8・6）と記している。

現在の聖書では「仲介者」と訳されることが多いが、かつては「仲保者」と記されていた。一見したところ、意味は通りにくいが、原意に忠実なのは、旧い訳語である。イエスは単に神と人間との間に立つのではない。その身を捧げて永遠に途切れない関係を保つ者だった。「見るがよい。神の小羊だ」という洗礼者ヨハネの言葉によって、イエスを見たあと、戦慄にも似た畏れと共にイエスに従ったアンデレは、彼の意思とは別なところで、小さな「仲保」の役割を分有されている。聖書を読む限り、アンデレはそのことを自覚していない。だが、それゆえにこそ、彼の働きは不朽なのだともいえる。

新約聖書が編纂されるとき、そこに採録されなかったが、永く読み継がれてきた文書を

「外典」という。その中には「アンデレ行伝」と題する彼の生涯が語られたものがあり、そこにはアンデレが獄中で行った説教とされる言葉が残されている。イエスの死後、彼のコトバを述べ伝えることで、為政者に抗うことになったアンデレは、政治犯として捕らえられる。彼もまた、十字架に磔《はりつけ》にされ、殉教する。獄中の彼は次のように言った。

> 私たちはこの世の誕生によって生れたものではない。この世の命はやがて終る。私たちは更に何か偉大なものを目ざしている。私たちは間もなく憐んで下さる方のものである。私たちはより良い方のものである。それ故に、私たちはより悪いものから逃れる。私たちは高貴な方のものである。彼によって醜いものを拒むのである。〔中略〕〔私たちは〕光のものであって、彼を通して私たちは暗やみを投げ捨てたのである。（「アンデレ行伝」藤村和義訳、『新約聖書外典』）

時間は永遠に包含される。悪は善によって無化される。闇を感じるとき、私たちはそれを包み込む光と共にいる、というのである。

第七章　山上の説教

幾人かの弟子たちと行動を共にするようになり、イエスは宣教を始める。宣教で語られるのは話す者の信仰ではない。「宣」の字を「みことのり」と読むことがあるように、宣教とは大いなる者の言葉が語られることを指す。神は、必ずしも言語をもって語るとは限らない。神のコトバは形態を問わない。神には治癒の業もまたコトバである。彼がまず行ったのは奇跡だった。

> イエスはガリラヤ全土を巡り、会堂で教え、天の国の福音を宣べ伝え、民のすべての患いや病気を癒やされた。そこで、イエスの評判はシリア全体に広まった。人々はさまざまな病気や苦しみを抱えた者、悪霊に憑《つ》かれている者、てんかん、中風《ちゅうぶ》の者など、あらゆる病人をイエスのもとに連れてきた。イエスは彼らを癒やされた。（「マタイ伝」4・23〜24）

「福音を宣べ伝え、民のすべての患いや病気を癒やされた」とあるように、イエスは必要とする者に、必要なものを与えた。言葉を必要とする者には話しかけ、癒やされなくてはならない肉体を前にしたときは手を差し伸べて病を治癒した。明言されていないが、「見る」という営みが隠れた文字によってまざまざと記されている。彼は見ることによっても奇跡を起こす。イエスのまなざしは肉体だけを見ない。いつも魂を見る。イエスによって見入られた者は自分の中にけっして滅びない存在があることを知る。ルカ伝には徴税人ザアカイの回心が記されている。ザアカイは木の上にいたところをイエスに見られる。そのまなざしがザアカイの魂を貫く。

先に引いたマタイ伝の一節をたよりに、「読む」ことによって、時空を超えて奇跡の現場に臨んでみる。愚かなことを、と思われるかもしれない。だが、「読む」とは、ついにコトバによって語られているその場に立ち会うことに至る。そうでなければ古典と呼ばれる書物はけっして語り継がれては来なかっただろう。今日、福音書を私たちが「読む」ことができるのは、書かれた言葉の奥に不可視なコトバを「読み」、たしかにイエスに出会ったという一群の人々がいたことを傍証している。

「キリストありて聖書あるなり、聖書ありてキリストあるにあらず。〔中略〕キリストは聖書を離れてもなお存在し給う者なり。われらは聖書を貴むのあまり、活ける救い主を旧き文字の中に発見せんと計るべからざるなり」（「キリストと聖書」、『内村鑑三所感集』）と内村鑑三は言う。キリストがあって聖書がある、聖書があってキリストが存在するのではない。聖書を離れてもキリストは実在する。聖書を貴ぶあまりに、活ける救世主を表層的な文字の中に閉じ込めるようなことがあってはならない、というのである。内村は誰よりも聖書の意味を考え、それを真に「読む」ことに生涯を捧げた。彼にとってイエスは、いつも言葉の彼方で「活ける救い主」として臨在した。

奇跡が語られる福音書の記述を前にして、それを単に現代的に解釈し、意味づけをしてみたところでイエスの姿は顕われてこない。「読む」ことを通じて、イエスに会おうとするならば、そこで語られる言葉をたよりに私たちもまた、イエスによって病を癒やされた者のように驚愕と畏怖、あるいは戦慄を感じなくてはならない。

現代人には話すこと、あるいは見ることと、奇跡はまったく別のことのように映る。話すこと、見ることは日常のことで、奇跡を行うことはできないからである。だが、超越からもたらされるコトバを中心に据えてみると、話すこと、見ること、癒やすことも、同じ場所へ続く異なる通路になる。イエスにおいてそれらの営みは、一つの使命において、それぞれの行為の奥で分かちがたくつながっているのである。

＊

マタイ伝だけではなく、成立がもっとも古いと考えられるマルコ伝でも、聖書記者は、宣教に臨むイエスを奇跡と共に描き始める。福音書を見ると、イエスの生涯は、いつも奇跡と共にあったといってよい。人々に向かって話す。もしくはイエスが手を差し伸べる。ときに見ることによってさえ、彼は奇跡を起こした。

奇跡が何を指すか明言するのは難しい。仮に人間の行い得ないこと、と定義してみる。すると先のマタイ伝にあった病気の治癒は奇跡ではなくなる。同様の現象が使徒たちによって行われたことは新約聖書の使徒言行録にも記されているし、今日でもカトリックでは聖人を認める過程の中に奇跡の成就は必須の条件として存在する。キリスト教世界だけではない。難病の治癒は、他の宗教上の聖者やシャーマンによっても行われることがある。

宗教学者ミルチャ・エリアーデは代表作『シャーマニズム』で、シャーマンの第一の使命を「邪力」に対する戦いであるとし、古代社会でシャーマンが担った役割を次のように語る。

> 人間は悪魔や「邪力」にとりまかれた未知の世界に、孤立して存在しているのでは

> ないことは確かである。それに祈り、いけにえを捧げる神々や超自然的存在に加えて、「聖界の専門家」、精霊を「見」、空にあがって神々に会い、地下界に降って魔や病気や死と戦うことのできる人々がある。（『シャーマニズム』下巻、堀一郎訳）

悪魔と向き合い、邪悪な力から人間を守る。そればかりか天界へと赴き、神々の助力を仰ぎ、地上界で魔の力と戦う者をエリアーデはシャーマンと呼ぶ。

「聖界の専門家」とあるように、シャーマンはその生涯をもって「聖界」があることを体現する。シャーマンと称するべきかどうかは別にして、ユダヤ教にも「聖界」との交通を日常とする現象はあった。エリアーデが記すシャーマニックな出来事は旧約聖書の預言者を想起させる。聖なる異能者をシャーマンと定義するなら、ある人々にとってイエスがシャーマンのように映ったとしても不思議ではない。

ここでイエスもまたシャーマンの一人だった、と誤解を招くようなことを言いたいのではない。だが、現代人が奇跡を行う者としてのイエスの登場をまざまざと感じようとするとき、シャーマンの姿を想起するのはけっして無駄なこととも思えない。巫者あるいはシャーマンと聞いて、現代人が感じる異和と驚愕の感覚に近似する認識は、はじめてイエスを目にした民衆にもあったのである。

シャーマンをめぐるエリアーデの言葉は、ユダヤ教の預言者エリヤの生涯を思わせる。

エリヤも奇跡を行った。旧約聖書の列王記には、死者をよみがえらせる奇跡が記されている。先に見たイエスの奇跡はエリヤの行いを想起させる。彼もイエスが行ったように人々に尽きない食べ物を与える。このことから、一部の聖書学者たちは、新約聖書に描かれているイエスの奇跡物語は旧約聖書を踏襲したものであると考えた。奇跡は文化的伝承であり、また、いつも何かの比喩表現だった。彼らにとって奇跡は、その場で起こった一回の出来事であるよりも、概念となった。

　考えてみれば当然なのかもしれない。奇跡を字義通りの意味に読み、認識すれば、必然的に人文科学の枠を逸脱してしまう。だが、そうした知性による制約を打ち破ろうと挑戦する者もいる。昭和初期の日本カトリック思想を牽引《けんいん》した司祭であり、哲学者でもあった岩下壮一《いわしたそういち》は、奇跡に直接対峙しようとしない近代人におけるイエス観を強く批判する。同時代の学者たちのイエス観を痛烈に批判しながら岩下は、次のように書いた。「近代人は彼「イエス」を或は欺瞞者、或は超自然的に粉飾された神話的存在、或は終末的再臨を夢想せる神秘家、或は単に卓越せる一ラビ、或は歴史的存在すら疑はしき架空の人物となした」（「キリストを見直す」、『信仰の遺産』）。

　イエスは偽善者であり、現実の存在であるよりは「神話的存在」であり、仮にいたとしても救世主なのではなく世の終わりを説く過激な煽動《せんどう》家《か》であり、夢想家。その存在を認める者がいたとしても優れたラビ、すなわちユダヤ教の教導者だとする。また、イエスは実在しなかったとする研究者も珍しくなかった。

これは岩下の偏見ではない。同時代に行われたイエスをめぐる発言を総括したのである。同じ一文で彼は、十九世紀にヨーロッパで活躍した二人の聖書学者の発言を引く。ある者は「今日著名なプロテスタント神学者中にイエズス・キリストの神人両性に関する信仰中にふくまれた教義を告白するやうな者は一人もない」と述べ、別な学者は、「正統的キリスト論をその純粋な形で弁護する教養ある神学者はおそらく一人もあるまい――少くもドイツでは余は一人も知らない」と書いた、という。

「正統的キリスト論」とは、イエスが救世主《キリスト》であるとする神学である。彼らにとってイエスは人間であって「キリスト」ではない。イエスを「キリスト」であるとするような非科学的な事実はもう信じることができないというのである。

彼らは聖書を読み、研究し、イエスの生涯を詳細に論じる。彼らがイエスを語る言葉は、ときに聖書記者たちよりも饒舌《じょうぜつ》にすら感じられる。だが、彼らが論じるキリスト教にはすでに「キリスト」はいない。キリストの存在が真剣に考えられないところでは、奇跡の探究もまた、行われ得ない。奇跡とは何であるかが真摯に考えられる前に、なかったことにされてしまう。

＊

ある一群の人々が、豊かに果実を付けているマンゴの森へと入った。マンゴが食物であることを知っていたのは、その中の一人だけだった。ほかの者たちは、木々を見て、枝や葉の数をかぞえたり、葉の色や枝の大きさを計ったりしていた。ここでのマンゴは「聖典」を意味している。

十九世紀末アメリカで、キリスト者たちを前にしながら、ある若きインド人はこう語り始めた。

> もし皆さんがキリスト教徒になりたいと希望するなら、キリストが生まれたのはエルサレムかベツレヘムのどちらなのかといったことや、山上の説教が語られた正確な日時を知る必要はない。もとめられているのは、ただ山上の説教を感じることである。説教がなされた時期を論じるために書かれた数多の言葉を読む必要はない。それらはすべて学者たちのたのしみに過ぎない。そうしたことは彼らに任せておこう。私たちは「マンゴ」を食べようではないか。（ヴィヴェーカーナンダ「霊性の師」筆者訳）

キリスト者に求められているのは「山上の説教」について知ろうとすることではなく、そこで語られる言葉を「感じる」ことだというのである。イエスにおいて行為もまたコトバであることは先に見た。第六章の一節に見た、コトバは魂を育む食物であるとする指摘はなまなましい。何かについて知ろうとすることに留まるものは、空腹にもかかわらず「マンゴ」を目の前に、いつまでもその生態を調べているような者だというのである。奇跡においても同じである。食物を食べるようにその出来事を受け入れる。それは現代では愚かな営みに映るのかもしれない。しかし、「マンゴ」によって養われるために人は、どうしてもそれを食べなくてはならないのは今も昔も変わらない。

一八九三年、アメリカのシカゴで世界宗教会議が行われた。そこで一人の無名のインド人宗教者が壇上に招かれ、スピーチを行った。会場で彼のことを知っていた人はごくわずかだった。しかし、話が終わると、場内の多くの人にとって彼は、けっして忘れ得ない人物になった。発言者は、先にマンゴの比喩を語ったヴィヴェーカーナンダ（一八六三〜一九〇二）だった。彼はこの講話の中で、古くからインドに伝承されている次の一節を引く。

> 淵源を異にする河々が、すべて海に流れ込み一つになるように、おお主よ、人びとがさまざまの趨勢に応じて辿るそれぞれの道は、曲がりくねっていたり、まっすぐであったり姿は違って見えるでしょうが、すべてあなたのもとに達するのです。（「霊性

の師」）

人種差別もあった。キリスト教内での衝突もあった。カトリックは他の宗教をいっさい認めていない時代である。宗派はいくつもある。霊性は無数に存在する。しかし、それらはすべて一なるところへ通じる道に過ぎない、とインドから来た未知の宗教者が突然話し始めたのである。話は三分間強でしかなかった。だが、このわずかな時間に発せられた言葉が精神界を揺るがせた。このときの録音が残っている。今日聞いてもその言葉は新しい。この日が、ヴィヴェーカーナンダが世界に知られた日であり、長く分断されていた東西の霊性が再び巡り合ったときだった。

ヴィヴェーカーナンダは近代インドを代表する宗教者であり、思想家である。彼はラーマクリシュナを師とした。この師こそ現代の宗教界を揺るがせた人物だった。ラーマクリシュナは一介のヒンドゥーに過ぎない。だが、そこで語られた言葉、そして体現されたコトバは、宗教の壁を超えて、ふれた者の魂を目覚めさせた。没後もコトバの力は弱まらない。フランスの作家ロマン・ロランが熱情あふれる言葉でこの師弟の伝記を書いている。シュヴァイツァーにも彼らを巡る論考がある。

万物は「神」が自らを表現しているものである、とラーマクリシュナは言う。神を絶対的に聖なるものであるとするなら、万物はその自己顕現だと説く。花があるのではない。

「聖なるもの」が「花」となって顕われている、と彼は語った。彼にとって万物は神を讃美するものだった。むしろ、存在することがもっとも鮮明な讃美の表現だと考えられた。彼にとって宗派の違いは、超克し得る壁であるだけでなく、超越者の無限性を指し示す豊饒なる顕われだった。評伝『インドの光――聖ラーマクリシュナの生涯』で田中嫺玉《たなかかんぎょく》は、この人物の日常を次のように描き出す。

部屋のなかには大きな寝台と小さな寝台が並べておいてあり、夜寝るときは大きな方を用い、昼間人びとと話をするときには小寝台の上に坐っているのがラーマクリシュナの習慣だった。壁にはいくつもの絵がかけてある。ヒンズー教の神々や、仏陀の肖像、それにイエスが水に溺れようとしているペテロを救っている絵などである。ラーマクリシュナは、朝起きると、一つ一つの絵に向かってやさしくあいさつをする。

ラーマクリシュナは、孔子やソクラテス、あるいはイエスのように、文字を書き残していない。彼もまた語っただけだった。弟子たちがのちに語られた言葉を集め、一冊の書物にまとめた。それは『不滅の言葉《コタムリト》』として読まれ続けている。師の没後、ヴィヴェーカーナンダの生涯は、師のコトバを世界に告げ知らせることに費やされた。ヴィヴェーカーナンダの言葉はそのままラーマクリシュナからもたらされたものだと考えてよい。彼らはもちろん二人の異なる人物だが、霊性においては一なるものである。鈴木《すずき》大拙《だいせつ》は『日本的霊性』で、師法然と弟子親鸞は存在においては二だが、霊性においては一なるものであると書く。それはラーマクリシュナとヴィヴェーカーナンダにもいえる。

先に引いた伝承の言葉に続いてヴィヴェーカーナンダはバガヴァッド・ギーター（ヒンドゥー教の聖典）の一節も引く。次の一文における「私」は神である。「私のもとにくる者は誰であれ、あるいは、どのような形を通じてであったとしても、私にふれる。私がその者にふれるのである。すべての者は、私に到達するさまざまの道を歩き、もがいているのである」。

シカゴでの会議のあと彼は、多くの人々に請われて二年以上の間、アメリカに留まり、各地で講演を行った。ヴィヴェーカーナンダは、しばしばキリスト者に向かってキリストを語った。あるときキリストの奇跡にふれ、彼はこう話した。

キリストの偉大な力は、彼の癒やしや奇跡にあるのではない。〔霊的な〕愚者でもこのようなことはする。愚者も病気を癒やすことはできる。治すことは悪魔にもできる。私は恐るべき魔性の人間共が、すばらしい奇跡を行うのを見たことがある。彼らは土から果物を造る。私は愚者や悪魔のような者たちが過去・現在・未来の出来事を言い当てるのを知っている。私は愚者たちが、ひと目見ただけで、また思っただけで、

> 恐ろしい病気を癒やすのを見たことがある。これらは確かに「力」である。しかし、しばしばそれは悪魔的でもある。（「霊性の師」）

異教徒からの指摘であるということで、このヴィヴェーカーナンダの言葉を見過ごすようなことがあってはならない。彼はイエスを否定しているのではない。彼のキリストへの敬愛と信頼は深く、キリスト者のそれに劣らない。彼は、単なる予知、治癒、あるいは物質化現象のような事象が奇跡ではないことを強調する。それらは悪魔にすら起こすことができる。「力」だけでは畏敬の対象にはなり得ない。むしろ、悪は人を惑わす道具として「奇跡」を行うことすらあるというのである。さらに先の一節にヴィヴェーカーナンダはこう続けた。

> その一方で、〔単なる「力」ではなく〕キリストによる「霊的」な力と呼ぶべきものが時を超え、遍在している。それは全能の、巨大なる愛であり、彼が説く真理の言葉（words）である。病を癒やす行為はすぐに忘れられる。しかし、「心の清い人は幸いである」との彼の言葉は今日も生きている。これらの言葉は尽きることのない力の源泉である。人の心がある限り、神の御名が忘れられない限り、これらの言葉から発せられる響きは止むことがない。これらがイエスの教えた力である。そして彼がた

ずさえていた力なのである。(「霊性の師」)

奇跡の奥にはいつも、イエスから発せられる不可視なコトバが隠れているというのである。ここでヴィヴェーカーナンダは奇跡の実体が言葉であることを強調する。イエスの「言葉は今日も生きている。これらの言葉は尽きることのない力の源泉である」と述べ、言葉が救済を実現すると説く。救済は、けっして人間では行い得ない。この出来事こそ、奇跡と呼ぶべきではないだろうか。「心の清い人は幸いである」とは、イエスが行った「山上の説教」の一節である。「山上の説教」ではその一節の前後に次のような言葉が続く。

自分の貧しさを知る人は幸いである。
天の国はその人たちのものである。
悲しむ人は幸いである。
その人たちは慰められる。
柔和な人は幸いである。
その人たちは地を受け継ぐ。
義に飢え渇く人は幸いである。
その人たちは満たされる。

憐れみ深い人は幸いである
その人たちは憐れみを受ける。
心の清い人は幸いである。
その人たちは神を見る。（「マタイ伝」5・3〜8）

この言葉が顕われたことが奇跡であるとヴィヴェーカーナンダは言う。彼にとって「山上の説教」はすべての宗教の根柢にある「原宗教」と呼ぶべき境域から生まれた言葉であり、そこへと還ってゆく道だった。「「心の清い人は幸いである。／その人たちは神を見る」。この一節の中にあらゆる宗教を貫く神髄がある。〔中略〕もし、他の宗教が聖典としているものがすべて失われたとしても世界のすべてをこの一節が救うだろう」（「霊性の師」）と彼は言う。

「神を見る」、このことに人間の生涯は収斂《しゅうれん》する、それがヴィヴェーカーナンダ、あるいはラーマクリシュナの霊性だった。「見る」とは比喩ではない。全身が「眼」となって神を「見る」ことだった。ここで「見る」は単なる視覚的行動ではない。むしろ、日本語の万葉時代の古語「見《まみ》ゆ」に内包されていたように、その対象と霊的に交わることだった。

日本語と新約聖書が書かれているギリシャ語における「見る」は、必ずしも同じではないというかもしれない。だが、古代において「見る」ことの働きは、文化間の差異を超えていたと指摘する者もある。次の一節は国文学者佐竹昭広《さたけあきひろ》の論考「「見ゆ」の世界」にある。「ギリシャ人は真の実在をイデアと名づけたが、イデアとは、まず第一に、見られる物、直観の対象としての「かたち」であった。古代語「見ゆ」の背後にも、存在を視覚によって把捉した古代的思考が活潑《かっぱつ》に働いていたと認められる」。古代においては、ギリシャと日本という地理的差異をよそに、「見る」ことは、単にその表象をとらえることではなく、不可視な実在にふれる営みだったというのである。

ある日、ラーマクリシュナは、当時まだ、ナレンドラと呼ばれていた若きヴィヴェーカーナンダにふれる。わずかにふれる。このときこの若者に回心が訪れる。その様子が先に見たラーマクリシュナの評伝に、ヴィヴェーカーナンダ自身の言葉を引用する形で描き出されている。「その瞬間、私の心は完全に転回した。全宇宙のことごとくが神に見えた。こんな状態がいつまで続くのかと思いながら、私は黙っていた。家に帰ったが、その状態は変わらない。見るもの全て神であった」（『インドの光――聖ラーマクリシュナの生涯』）。彼も「神」を見た。

あるときヴィヴェーカーナンダは師に、「あなたは神を信じますか」と尋ねる。「もちろん」と師は応える。どうしてそう言えるのかと弟子が問いを重ねる。するとラーマクリシュナはこう応えた。「ある。今、私があなたを見ているようにはっきりと。ただ、神はあなたを見るよりももっと鮮明に力強く見える」。この師との対話を語りつつ、ヴィヴェーカーナンダはこう言った。「ここに宗教が生きていることをまざまざと見た。一度ふれる（one touch）あるいは、一瞥する（one glance）だけでも人生を変えるには十分である」（「わが師」筆者訳）。

同質の言葉は、福音書にもあふれている。ただ、その言葉は必ずしも文字に刻まれているとは限らない。それを発見するのが「読む」ことの意義である。言葉は読まれることによって命を帯びる。そのとき言葉は、紙面に表記された記号とはまったく異なる姿を読む者の心に顕わすのである。

第八章　祈り

善き行いは、常に隠されなくてはならない。むしろ、隠されることによって善きことは完成する。宣教を始めたイエスは、弟子たちに繰り返し、そう伝えた。そればかりか、ひけらかすことは神を前にし、善行を無にすることであるとイエスは言う。

　人々の前で自分の善い行いを見せびらかさないように気をつけなさい。さもないと、天におられるあなた方の父のもとで、報いを受けることはできない。〔中略〕あなたが施しをする時には、右の手のすることを左の手に知らせてはならない。これは、あなたの施しを隠しておくためである。そうすれば、隠れたことをご覧になるあなたの父が報いてくださる。（「マタイ伝」6・1～4）

善いことを行うことよりも、それを隠すことに真の困難がある。イエスが忠告するのは善行を誇る行為と共に、その人の内心に巣食うものである。どんなに善き行いであったとしても、それを受け取る者がなければ、それを施すことができない。受け取る者が善き行いへと導いている。自らの行いに絶対の自負を抱く者はそのことを忘れている。

この一節でも、イエスの力点は明らかに、善行を促すことよりも、それを隠すことにある。さらには、神が見出すのは、人によって隠されたものであることもはっきりと示されている。

ここで「隠す」とは、単に語らないことではない。「右の手のすることを左の手に知らせてはならない」とあるように特に意識をしないこと、それはほとんど無為の状態に近い。

人が善いと感じる。そう意識されることによってかえって善性の完全さが損なわれる。意識を鎮めることが善の顕現を準備する。何が真に善きことかを知るのは、神のみだというのだろう。

また、この発言は、善い行いとは必ずしも、人間が認識する範囲においてだけ、行われているのではないことを教えてくれる。格別意識しないところでこそ人は、善き行いを営むことを暗示している。

ある日、イエスは祈りをめぐって話し始めた。このときも彼は、何を祈るかよりも、隠れて祈れ、と説くのだった。「あなた方は祈る時、偽善者のようであってはならない」（「マタイ伝」6・5）と語り、こう続ける。

彼らは人に見せびらかすために、会堂や街角に立って祈るのを好む。あなた方によく言っておく。彼らはすでに報いを受けている。あなたは祈る時は、奥の部屋に入って戸を閉め、隠れた所におられるあなたの父に祈りなさい。そうすれば、隠れた行いをご覧になるあなたの父が報いてくださる。（6・5～6）

「あなた方によく言っておく。彼らはすでに報いを受けている」とは畏れるべき言葉ではないだろうか。天に向かって唾《つば》を吐く者はそれをわが身で受けねばならない、というのである。

わざと人目にふれるように祈る。それは神に捧げる振る舞いを媒介に、いたずらに自己を表しているに過ぎない。その者から発せられる言葉は、表向きには祈禱《きとう》の様相をしていても、内実は祈りの姿からはすでに遠く離れている。その言葉は、世界に働きかけることもない。行き先を失って彷徨《さまよ》う言葉をただ独り聴いているのは、それを発した本人になる。

祈りは、いつも「奥の部屋」に進み、戸を閉め、「隠れた」ところで行われなくてはならないとイエスは言った。だが、それを聴いた人々が、どこで祈ったのか福音書には記されていない。

「隠れた所におられるあなたの父」との一節が、「奥の部屋」が単に物理的空間を超えたものであることを示している。「父」なる神は、彼方なる次元において、真に人に隠れたものとなる。

「奥の部屋」はどこにあるのか。また、「戸を閉め」る、とはどんな行いを指しているのだろう。それは小部屋に閉じこもることではない。それならば人は、平原で独り祈ることはできなくなってしまう。イエスはしばしばガリラヤ湖畔で説教を行った。人が祈るとき、あらゆる場所が「神殿」になることを彼は教えた。ユダヤ教の神殿のもっとも奥にある一室を「至聖所《しせいじょ》」と呼ぶ。だが、この場所に入ることが許されているのは大祭司など限られた人々だった。「奥の部屋」は、いつでも、誰にでも開かれている場所でなくてはならない。

＊

ある日、イエスは神殿に行く。ヨハネ福音書では、宣教を始めたころのイエスの姿が次のように描き出されている。

　ユダヤ人の過越の祭りが近づいたので、イエスはエルサレムにお上りになった。イエスは神殿の境内で、牛、羊、鳩を売る者や両替屋が座っているのをご覧になると、縄で鞭《むち》を作り、牛や羊をことごとく境内から追い出し、両替屋の金をまき散らし、その台を倒して、鳩を売る者たちに仰せになった、「これらの物はここから運び出せ。わたしの父の家を商売の家にしてはならない」。弟子たちは、「あなたの家を思う熱意が、わたしを食い尽くす」と書き記されているのを思い出した。（2・13〜17）

過越祭はユダヤ人にとって、もっとも大切な祭儀である。旧約聖書出エジプト記に記されているように、このとき人々は神に動物を供物として捧げる。神殿には遠方から来る者もいる。ここに商売が成り立つのは必然だった。だが、イエスは「縄で鞭を作り」それらを追い出す。神の場所であるはずの「神殿」は、しばしば人間によって占領されている。それはイエスの時代も今も変わらない。人がけたたましく語る声で、神の「声」が遠ざかる。神殿は祈りの場である。そこを人は供物、すなわち人間の願いでいっぱいにしている。イエスはそれを振り払う。

福音書で唯一、イエスが暴力をふるう光景である。その様子を見た弟子たちの思いは詳しくは記されていない。だが、その驚きは想像に余る。また、旧約聖書の詩編の一節を引き、「「あなたの家を思う熱意が、わたしを食い尽くす」と書き記されているのを思い出した」との記述は、この出来事が、見た者を内なる世界へと強く引きつけていることを告げている。

同様の記述は他の三つの福音書にもある。この出来事は福音書がまとめられる以前から、衝撃と共に原始キリスト教の中に広く流布していたのかもしれない。三つの福音書では共に、祈りの場所であるはずの神殿を人間が「強盗の巣」にした、との表現が用いられている。

この出来事をもっとも重く受けとめたのはヨハネ伝の記者たちだった。彼らは次のようにこの「事件」を詳細に書き記している。

> すると、ユダヤ人たちはイエスに向かって言った、「こんなことをするからには、どんな徴《しるし》をわたしたちに見せてくれるのか」。イエスは答えて仰せになった、「この神殿を壊してみよ。わたしは三日で建て直してみせよう」。そこで、ユダヤ人たちは言った、「この神殿を建てるのに四十六年もかかったのだ。それなのに、あなたは三日で建て直すのか」。しかし、イエスは、ご自分の体という神殿について話しておられたのである。それで、イエスが死者の中から復活された時、弟子たちは、そう話しておられたのを思い出し、聖書とイエスが語られた言葉とを信じた。（2・18〜22）

ここには二つの「神殿」が語られている。あるいは「神殿」を語ることでイエスは二つの存在世界を開示している。真の「神殿」は外には存在しない。それはすべての人の内にある。建造物としての神殿は、内なる「神殿」の表象に過ぎない。また、すべての人間は、内なる「神殿」を有する。人は誰でも内に祈りの部屋を持つ。

「三日で建て直してみせよう」との発言は、十字架上で死んだイエスが三日後に復活することと直接的に結びつく。さらに、イエスが復活したとき弟子たちは、この出来事を強く想起したともいうのである。「聖書とイエスが語られた言葉とを信じた」との静かな語りはむしろ、弟子たちの回心の烈しさを物語っている。

　このとき回心とは、自らの行いの悔い改めであるよりも、内なる「神殿」において神に向き合うことを意味する。祈りとは、持続する回心、あるいは回心を持続する営みにほかならない。

われわれは隣人たちに承認された幸福を高くかかげようとする。疑いようのない幸福が
われわれに顕現するのは、ただわれわれがそれをわれわれの内部において変化さすときだけなのに。

愛する人たちよ、どこにも世界は存在すまい、内部に存在するほかは。
われわれの生は刻々に変化してうつろいゆく、そして外部はつねに痩せ細って

消えさるのだ。

誰かが作った幸福感を感じたとしても、それが己れの真の幸福と無関係であるなら、いったい何の意味があろうか。真に幸福と呼べるものは、「内部」にしか顕現しない。真に実在と呼ぶべきものは「外部」にはない。「内部」にある。「外部」において時間は、とめどなく過ぎ去ってゆく。肉体的生がそうであるように、「外部」にあるものはすべて朽ちてゆく。しかし、「内部」は過ぎゆかない、時間の彼方の「時」とも呼ぶべきもので満たされている。聖書の一節ではない。リルケの詩『ドゥイノの悲歌』（手塚富雄訳）の一節である。

祈りに限らない。真実はいつも「内部」で行われる、とリルケは感じていた。彼はそれを信じたのではない。それを実感することが彼の日常だった。「内部」とリルケが呼ぶ場所は、イエスが「奥の部屋」と呼び、三日で建て直すといった「神殿」の在りかでもあった。

二十八歳のリルケが、詩人を志す青年に書き送った書簡は『若き詩人への手紙』と題され、リルケの没後に公刊された。そこでもリルケは「内部」を語った。「もしあなたの日常があなたに貧しく思われるならば、その日常を非難してはなりません。あなた御自身をこそ非難なさい。あなたがまだ本当の詩人でないために、日常の富を呼び寄せることができないのだと自らに言いきかせることです」（高安国世訳）と若者に書き送る。日常が凡庸なのではない。そこに人が不断の創造を見出すことができていないに過ぎない、と語りかけたあとリルケは「内面への転向」を促しながら、こう記した。

　この内面への転向から、この自己の世界への沈潜から詩の幾行かが立ち現われてくる時、その時あなたはもはやそれがよい詩であるかどうかを、誰かに尋ねようなどとはお考えにならないでしょう。

　手紙を受け取ったフランツ・クサーファ・カプスが序文に書いているように、ここには詩人を志す者にだけでなく、「成長途上にある多くの人々にとって重要なもの」が多く刻まれている。

　ここでの「詩」は、――リルケがここで傍点を添えているように――自らの努力によって作り出すものではなく、どこからか立ち現れてくるものだった。また、英語の conversion が「転向」と同時に「回心」を意味するように、彼にとって「転向」とは、単に意識の方向を変えることではなく、存在の次元を転換させることだった。

＊

次に引くのは、一九二五年十一月十三日、リルケが亡くなる前年に書いた手紙の一節である。「開かれた」世界」とリルケが語るのが先に謳《うた》われていた「内部」である。

あの、もっとも大きな「開かれた」世界では、（過去の人、未来の人）すべての人が存在しています、「同時に」とは言われません、時間の欠落こそ、彼らみんなが存在することの条件なのですから。無常性はいたるところ、深い存在へと落ち込みます。それでこの世のすべての形姿は、時間に制約されたものとして用いられるのみならず、私たちにできる限り、あの私たちの関与する優れた意味の中へ組み入れられなければなりません。しかしキリスト教的な意味においてではありません。（私はそこからますますはなれようと熱望しています）、そうではなく、純粋に地上的な、深く地上的な、よろこばしくも地上的な意識において、ここで見たもの、触れたものを、さらに広い、もっとも広い循環の中へ導き入れることが大切です。（ヴィートルト・フォン・フーレヴィチュ宛書簡、高安国世訳）

「内部」では、過去も未来も一体となっている。生者が死者に会うのも「内部」である。イエスが「神殿」の喩えで語ったように、もう一つの世界では、時間を超えた在り方で、「時」が存在する。「内部」は「優れた意味」で満ちている。そこではすべてが「優れた意味」の語り手になる。「優れた意味の中へ組み入れられ」ること、「優れた意味」の声を聴くこと、さらにそれをコトバに書き記すこと、それが詩人に託された役割だった。

先の一節には「祈り」とは記されていなかったが、「祈り」が生起する現場を垣間見るように感じられる。祈りは「内部」から響いてくる。彼にとって詩は、私たちにとっての祈りだった。詩人が「優れた意味」を詩へと生まれ変わらせるように、詩を書かない者は「優れた意味」の顕われを祈りの内に経験し、それを生きることができる。

これまで何度か書いてきたように、言語はコトバの一形態に過ぎない。人はさまざまなコトバを用いている。詩人が言葉を用いるように、ある者は沈黙の行為によってコトバを語る。

「しかしキリスト教的な意味においてではありません。（私はそこからますますはなれようと熱望しています）」とあるように、リルケは日を追うごとに「キリスト教」から離れて行った。

『若き詩人への手紙』でリルケは、自分のもっている書物の中で、本当になくてはならないのはごく少数で、そして二冊だけはどこに行くにも自分の荷物の中にある、一冊はデンマークの詩人イエンス・ペーター・ヤコブセンの作品、そしてもう一冊は、聖書だと書いている。リルケが拒んだのはイエスではない。造られた「キリスト」である。彼はその虚像からコトバを聴くことはできないと言ったに過ぎない。

同質のことは、神は死んだ、人間が神を殺したのである、と語ったニーチェにもいえる。彼の言葉は確かにキリスト教のどもとに突きつけられている。だが、イエスには向けられていない。近代ではもう、聖書を読んでも「キリスト」には出会えなくなってしまった、人間が解釈で「聖書」の文字を塗りつぶしてしまったのである、とニーチェは語ったのではなかったか。

「神は死んだ」とニーチェは言い、リルケはキリスト教から離れることを熱望すると言ってはばからない。だが、彼らの呻《うめ》きにも似た超越への渇望は、止むことなく胸を貫く。彼らのコトバにふれるとき、祈りをめぐって語られたパウロの言葉を思わずにはいられない。

> わたしたちはどのように祈るべきかを知りませんが、霊ご自身が、言葉に表せない呻きを通して、わたしたちのために執りなしてくださるのです。人の心を読み取る方は、霊の思いが何であるかをご存じです。（「ローマの人々への手紙」8・26〜27）

たとえリルケが、どれほど「キリスト教」に対して辛辣《しんらつ》な言葉を書き記しているとしても、「奥の部屋」の鍵《かぎ》が、彼の棲《す》む館に置かれているのであれば、私たちはそこへ赴かなくてはならない。鍵が複数あり、ニーチェのもとにそれがあるなら、私たちはそこにすら向かわなくてはならない。

＊

福音書を「読む」とき、聖書学の知識が必須であるなら、聖書はすでに聖典ではない。それは学問上の一テクストである。福音書は聖書学に基づいても読めるのであって、必ずしもその力を必要としない。キリスト教への信仰を抱かず、偶然、手に取った多くの者にも、聖書に記されたコトバは、力強く語りかけてきたのではなかったか。それらの経験の真実性を脅かすことはいかなる学問、神学、教義学にも許されていない。書架にある「聖書」はそれでもよい。しかし、夕べの祈りに開く聖書までなぜ、解釈で上書きされなくてはならないのだろう。

ある女性が旅先で偶然、教会に立ち寄る。扉が開いていて、彼女は中に入る。聖堂には誰もいない。説教台のところには聖書が開いておいてあった。これまで聖書など繙いたこともなかったが吸い寄せられるように近づき、読み始め、気が付いてみたら一時間ほど経過していた。

このときの様子を彼女から聞いた日のことを忘れることができない。彼女は何を読んだのかを語らなかったが、聖書のコトバにふれた鮮烈な驚きを手振りを交えて語った。そのときの目の輝きは今でも鮮明に覚えている。この出来事は、私の聖書経験の第二の原点にすらなっていて、今も、聖書のコトバを前にし、あのときの彼女のような鮮明な驚きと共に接しているかを自らに問うている。

イエスの生涯が記された福音書は、キリスト教徒のためだけにあるのではない。イエスがいつも、彼の目に「罪人」であり「異邦人」に映る者と共にあったように、彼のコトバもまた、それを必要とする人に開かれている。彼のコトバを「隠れる」ように読む者にこそ、コトバの世界が切り拓かれたとしても何の不思議があるだろう。「隠れる」神は、「隠れる」ように祈る者にその姿を顕わす。祈りをめぐってイエスは、「隠れた」神は、けっして「隠れた行い」を見過ごさない、と言い、こう続けた。

> あなた方は祈る時、異邦人のようにくどくどと言ってはならない。彼らは言葉数さえ多ければ聞き入れられると思っている。彼らの真似をしてはならない。あなた方の父は、あなた方が願う前に、必要とするものを知っておられるからである。（「マタイ伝」6・7〜8）

祈るとき、多弁を弄することをイエスは戒める。神がそれを拒むからではないだろう。神の前では発語ならずとも、人間の想念もまた、「聴こえている」からだ。多弁に惑わされるのは人間である。傍でそれを聴く者よりも、それを発する当人の心がもっとも大きく揺れる。神は、人が何を願うかを意識するより先に、人が何を必要としているかを知っている。願いがあって、それに神が応えるのではけっしてない。

この一節は、願うことが無意味であると説いているのではないだろう。だが、人は自分で何を願っているのかを知らないで、願いを口にする場合があることを教えている。人はしばしば出来事の断面しか見ることなく、それを願うときがある。願いは、必ずしも祈りと同じではない。「だから、あなた方はこう祈りなさい」（「マタイ伝」6・9）と言い、イエスは人々に次のコトバを残した。

天におられるわたしたちの父よ、
み名が聖とされますように。
み国が来ますように。
み旨《むね》が天に行われるとおり、
地にも行われますように。
今日の糧を今日お与えください。

わたしたちの負い目をお赦しください。
同じようにわたしたちに負い目のある人を
わたしたちも赦します。
わたしたちを誘惑に陥らないよう導き、
悪からお救いください。（6・9〜13）

訳文に多少の違いはあるが、この祈りはキリスト教各派で、今も用いられている。ここでの主格が「私」ではなく「私たち」になっているのに注目したい。

神が神として世にあること、赦し、悪からの救い、これらの実現をただひたすらに祈れ、とイエスは言う。だが、神は、人間が何かを願う前に何を必要としているのかを知るだけでなく、すでにそれを与えているともイエスは言う。パンを求める子供に石を与えることがないように、神は「ご自分に求める者に、善い物を与え」る（「マタイ伝」7・11）。

あるとき、イエスは「求めなさい。そうすれば与えられる」（「マタイ伝」7・7）と語り、こう続けた。

探しなさい。そうすれば見出す。たたきなさい。そうすれば開かれる。

祈るとは、すでに与えられている現実を見出す営みではないだろうか。人は扉を「たたく」ことで、そこがすでに開かれている事実を知るのではないだろうか。祈るとは発語する行為ではなくて、むしろ、神のコトバを聴く営為ではないだろうか。さらにいえば、人にはコトバを希《こいねが》うことしかできないのではないだろうか。

> さて、イエスがカファルナウムにお入りになると、百人隊長が近づいてきて、イエスに懇願した。「主よ、わたしの僕が中風《ちゅうぶ》でひどく苦しみ、家で寝込んでいます」。イエスが、「わたしが行って癒やしてあげよう」と仰せになると、百人隊長は答えて言った、「主よ、わたしはあなたをわたしの屋根の下にお迎えできるような者ではありません。ただ、お言葉をください。そうすれば、わたしの僕は癒やされます。〔後略〕」（「マタイ伝」8・5〜8）

そう言ったあと百人隊長は、自分も隊を率いる長として誰かに「来い」と言えば来るし、「行け」と言えば行く。真の権威の下では、コトバが発せられれば、必ずそのようになる、と続けた。

この言葉を聴いたイエスは言った。「あなた方によく言っておく。イスラエルの中でさえ、これほどの信仰を見たことがない」(8・10)。

第九章　祝祭と許し

ユダヤ教には、三つの大きな祝祭がある。仮庵《かりいお》の祭り、過越の祭り、そして五旬祭《ごじゅんさい》（七週の祭り）である。その伝統は、形を変えながら数千年の歳月を経た今日でも生き続けている。新約聖書においても、これら三つの祭りはきわめて重要な意味をもつものとして描かれる。これらの祭りはどれもユダヤ人のエジプトからの脱出に由来する。その起源が記されているのが旧約聖書にある出エジプト記である。

人々は預言者モーセに導かれ、エジプトを後にし、故国に帰った。だが、このときからユダヤ人たちは四十年もの間、荒野で暮らさなくてはならなかった。仮庵の祭りは先祖たちが強いられた労苦を追体験する。この祭りは同時に秋の収穫祭でもある。ヨハネ伝にはイエス自身がこの祭りの意味に言及する姿が描かれている。

ユダヤ人の仮庵の祭りが近づいていた。そこで、イエスの兄弟たちはイエスに向かってこう言った、「ここを去ってユダヤに行き、今あなたが行っている業《わざ》を弟子たちにも見せてやりなさい。公に知られたいと思う人で、ひそかに事を行う人はいない。あなたはこのようなことをしているからには、自分をはっきり世に示しなさい」。（7・2〜4）

ここでの「兄弟」が何を意味するかはのちの章（第十一章）で論じる。ここではひとまず、血縁者としての兄弟ではなく、広い意味での親族、同胞を指すと考える。彼らはイエスに、もっと積極的に彼の考えを世に訴えるように促す。だが、この一節のあとにヨハネ伝の作者は「兄弟たちでさえ、イエスを信じていなかった」と続ける。イエスが語ることの真偽は、彼の存在を認めた「兄弟」たちにも隠れていたことが強調されているのを見過ごしてはならない。さらにイエスはこう語った。

わたしの時はまだ来ていないが、あなた方の時はいつでも備えられている。世は、あなた方を憎むことはできないが、わたしを憎んでいる。世の行いの悪いことをわたしが証ししているからである。あなた方こそ祭りに上って行きなさい。わたしはこの祭りには上らない。わたしの時はまだ満ちていないからである。（7・6〜8）

祭りに上れ、とは、祭りに生きている霊性を生きよとのことである。人々にはそう言いながらイエスは、繰り返すように自分の「時」が満ちていないことを告げる。だが、いつが自らの「時」であり、そこで何をするのかは語らない。

過越の祭りには第八章でもふれた。出エジプト記には、この祭りの淵源をめぐって次のように記されている。

> これは主の過越である。わたしはその夜エジプトの地を行き巡り、人でも家畜でも、エジプトの地の初子はすべて打ち、エジプトのすべての神々に対して裁きを行う。わたしは主である。家々についた血は、お前たちがそこにいるという徴である。わたしはその血を見て、お前たちの所を過ぎ越す。わたしがエジプトの地を打つとき、お前たちには滅びの災いは及ばない。（12・11〜13）

過越の祭りには、羊もしくは山羊《やぎ》の血を、家屋の鴨居と二本の柱に塗る。かつて、このことがユダヤ人の住まいであることの証しになった。神は、それらの家を「過ぎ越」し、それ以外の家を裁く。神の裁きは、エジプトの民だけでなく、神々にまで及ぶ。

またこのとき神は、ユダヤ人に酵母のないパン、種なしパンを食するようにも告げる。エジプトから脱出するときユダヤ人は、酵母を混ぜ、パンにする練り粉のようなものをもち歩いた。酵母を入れたパンを作るには時間を要する。しかし、こうした命を賭した道程にあるときに、ゆっくり食事を準備する時間もなく、人々は種なしの状態でそれらを食した。ユダヤ人は今でも、この祭りを祝うことで、隷属していた状態から救い出してくれた神への感謝を新たにし、今、自分が在ることの意味を顧みる。

五旬祭は、出エジプトから四十九日後に神から律法が与えられたことに感謝すると同時に、春の収穫祭として祝される。たとえば、聖霊となったイエスが使徒たちに「降臨」する――聖霊降臨が起こったのは五旬祭の日のことだった。

> 五旬祭の日が来て、みなが一つになって集まっていた。その時突然、天から激しい風が吹いてくるような音が起こり、彼らが座っていた家全体に響き渡り、炎のような舌が分かれ分かれに現れ、一人ひとりの上に留まった。すると、みなは聖霊に満たされ、霊が語らせるままに、他国のさまざまな言葉で語り始めた。（「使徒言行録」2・1〜4）

収穫祭の日に使徒たちは、神から力を与えられ、人々を救うために世に放たれる。このとき聖霊によって使徒たちに授けられた権能が、コトバであることは注目してよい。聖霊とは、十字架上で死に、復活したイエスがこの世に遣わす働きである。

生前のイエスも、十二人の弟子が集結したときにコトバの秘義を語った。「今、わたしはあなた方を遣わそうとしている。それは、狼の中に羊を送り込むようなものだ」（「マタイ伝」10・16）と語り始め、こう続けた。

> しかし、あなた方は、〔迫害する者に〕引き渡されたとき、何をどう言おうかと心配してはならない。言うべきことは、その時、あなた方に授けられるからである。語るのはあなた方ではない。あなた方の父の霊が、あなた方を通して語られるのである。（10・19〜20）

聖霊によって使徒であると定められた人々は皆、自分の言葉をもたない。福音を宣べ伝えるとき、彼は神のコトバに満たされ、神のコトバとして働く。ペトロ、アンデレの兄弟を筆頭に、「十二弟子」と呼ばれるのは次の人々である。ゼベダイの子ヤコブ、その兄弟ヨハネ、フィリポ、バルトロマイ、トマス、徴税人マタイ、アルファイの子ヤコブ、タダイ、熱心党のシモン、そして、イエスを裏切ることになるイスカリオテのユダである。

＊

弟子たちと出会い、宣教に生きたイエスの日々を「公生涯」と呼ぶ。イエスの公生涯は長くない。三年に満たないと考えられている。歴史的時間から見れば、四つの福音書の記述は、じつに短い歳月の出来事をたどっているに過ぎない。

その根拠となっているのは、ヨハネ伝における過越の祭りの記述である。そこで、この祭りが三度描き出されていることが根拠になっている。三回目の祭りを前にしてイエスは十字架上で死ななければならなかった。

弟子たちとイエスが共にした最後の食事、「最後の晩餐」が行われたのも過越の祭りのときだった。イエスは弟子たちと共に種なしパンを食べ、ぶどう酒を飲んだ。

この出来事が、今日行われているミサの原型となっている。ミサは、イエスを回顧する単なる儀式ではない。今においてイエスと出会う営みである。

「最後の晩餐」を描き出す、四つの福音書の記述を比べてみると、三つの共観福音書とヨハネ伝の間には、時期に違いがあることが分かる。「過越の犠牲《いけにえ》を屠《ほふ》る、除酵祭《じょこうさい》の日が来た」（22・7）とルカ伝にあるように、前者において「最後の晩餐」は、過越の祭りに行われたことになっている。だが、ヨハネ伝では、まったく異なる記述を見ることになる。

過越の祭りの前のことであった。イエスは、この世から父のもとへ移るご自分の時が来たのを悟り、世にいる弟子たちを愛して、終わりまで愛し抜かれた。夕食の時のことであった。悪魔は、イスカリオテのシモンの子ユダの心に、イエスを裏切ろうという考えをすでに抱かせていた。（13・1〜2）

先に引いたルカ伝にあったように、過越の祭りの後半、除酵祭の日には小羊を屠る。過越の祭りで小羊が「犠牲」となってユダヤの民を救ったように、イエスが「犠牲」になり、世界を救ったとヨハネ伝の作者はいうのである。彼らは、単に事象としての祭りの重要性を述べようとしているだけでなく、祭りの伝統の内にイエスの生涯とその弟子たちとの交わりの意味を浮かび上がらせようとしている。

先の一節にあった「犠牲」の文字は、日本人が新約聖書を読むときにもっとも抵抗を感じる言葉の一つではないだろうか。だが、ここでの「犠牲」は、不条理なことによって命を奪われる「犠牲者」を意味しない。むしろ「犠牲」とは、絶対者の働く場になることを意味する。「この世から父のもとへ移るご自分の時が来たのを悟り」と先の一節にあるように、神の「犠牲」となることは、イエスの生涯で実現されなくてはならない、もっとも重要なことだった。だからこそイエスは、自分を裏切るユダに向かって「しようとしていることを、今すぐしなさい」とまで語ったのである。

「最後の晩餐」の認識において共観福音書とヨハネ伝では著しい違いがあるように、ユダの存在においても埋めがたいほどの差がそこにはある。マタイ伝ではユダは自殺したと記されている。おそらくルカ伝の作者と同一人物もしくはそれに近しい者が書いたと考えられる使徒言行録には、壮絶なまでに悲惨なユダの最期が記されている。だが、先の一節に見られるようにヨハネ伝におけるユダの位置は異なる。ユダにイエスが、なすことをなせと語ったのを聞くとユダは逃げるようにその場を後にする。するとすぐイエスは、残りの弟子たちにこう告げた。

今こそ、人の子は栄光を受けた。
神もまた人の子によって
栄光をお受けになった。
神が人の子によって
栄光をお受けになったのなら、
神もご自身によって
人の子に栄光をお与えになる。
しかも、すぐにも栄光をお与えになる。（13・31～32）

「今こそ」との一語は、ユダの裏切りもまた、自身の生涯が完成するために避けて通ることのできない出来事であることを示している。そのことによって、「神もまた」栄光を受けるとまで、イエスは語ったのだった。

*

近代日本のカトリシズムの成立において、神学、哲学のみならず、宗教的実践においても決定的な役割を果たした人物に岩下壮一がいる。彼は司祭であり、また第一級の哲学者でもあった。イエスの生涯の根源的意味を岩下は次のように語っている。「彼〔イエス〕の此世《このよ》に来れる終局の目的は、病者を医《いや》すことでも奇跡を行うことでも福音を説くことでもない。之等《これら》はただ彼のメシアとしての従属的活動にすぎないので、その使命の本質は十字架による贖罪《しょくざい》である」（「キリスト教に於ける司祭職」、『信仰の遺産』）。イエスの一生によって示された、最大の、またもっとも深き意味は、「十字架による贖罪」だと岩下はいうのである。

ここでの「十字架」とはイエスの死と復活を意味する。それを今日再現しているのがミサである。ミサが「最後の晩餐」に淵源しているように、イエスの生涯において、食べ物あるいは食事はきわめて重要な意味をもつ。食事はイエスにとって、いつも高次な意味における和解の徴であり、「贖罪」の営為だった。

あるとき弟子が食べ物を差し出すとイエスは、おもむろにこう語った、「わたしにはあなた方の知らない食べ物がある」。このヨハネ伝にある一節も、「食べる」という営みの底にイエスが感じていた秘義を感じさせる。このとき「食べる」とは、肉体と共に魂にふれることに等しい。イエスはたびたび、徴税人や罪人といった社会的に虐げられた人々と食事をする。それを伝統的なユダヤ教徒でファリサイ派と呼ばれる人々が糾弾し、問い詰めるとイエスは次のように答えた。

> 医者を必要とするのは健康な人ではなく、病人である。「わたしが望むのは犠牲ではなく、憐れみである」ということが何を意味するか、学んできなさい。わたしが来たのは、正しい人を招くためではなく、罪人を招くためである。（「マタイ伝」9・12～13）

食事とは、人が神を知る、あるいは神をもっとも近くに感じ得るときだというのである。このイエスのコトバは裏切ったユダをさえ包含する。ユダをめぐって論じなくてはならないことは多い。だが、それはもう少し先のことである。本論はまだ、その地点に至っていない。

先の一節には「わたしが望むのは犠牲ではなく、憐れみである」とあるが、旧約聖書のホセア書には「わたしが望むのは犠牲ではなく、愛である」とあり、原文はこう続けられている。「わたしが望むのは焼き尽くす献げ物よりも、／人が神を知ることである」（6・6）。食べることは、神にふれることであった。それは、命が命にふれる営みだったからである。

＊

ヨハネ伝でイエスが、仮庵の祭りにふれながら、弟子たちに立ち上がることを告げたところから少し先に読み進めると、生まれながら視力を失った者を癒やす彼の姿が描き出される。

> イエスが道をとおっておられるとき、生まれつきの盲人を見られた。弟子たちは、イエスに尋ねて言った、「先生、この人が生まれつき盲人なのは、だれが罪を犯したためですか。本人ですか、それとも、その両親ですか」。イエスは答えられた。「本人が罪を犯したのでもなく、また、その両親が犯したのでもない。ただ神のみわざが、彼の上に現れるためである……」

この一節は、手元にある新約聖書からの引用ではない。近藤宏一《こんどうこういち》が著した『闇を光に』

と題する著作から引いている。先の一節を引いたあと近藤は、「私は全身を貫き通す一つの力を、意識した」と書いている。

「近藤宏一」とは本名ではない。彼は幼い頃にハンセン病を患い、長く岡山県にある療養施設長島愛生園に暮らした。二〇〇九年に八十三歳で亡くなっている。彼はいわゆる著述家ではない。だが、彼が書いたコトバは読む者の心を強く揺るがし、ときに烈しく照らし出す。

ハンセン病はきわめて感染しにくい病であることが今日では分かっている。現代の日本では仮に発病しても適正な医療を受ければ深刻な事態には陥らない。もちろん、完治もする。だが、かつては違った。この病ゆえに多くの人が亡くなり、また、深刻な後遺症と差別を背負わなくてはならなかった。この問題は今日も解決したとはいいがたい。彼だけではなく、かつてハンセン病施設に入所した者は、素性が知られないように所内だけの名前「院内名」を与えられた。彼もこの名前は「本名とは程遠い」ものであると書いている。

近藤は一九二六年、大阪に生まれた。母親は、結婚する前すでに、ハンセン病を発症していたのだが、「あまりにも美しい人だったので」、父親は結婚し、宏一が生まれる。彼がハンセン病を発症したのは十歳のときだった。十一歳で彼は愛生園に入園する。『生きがいについて』を書いた神谷《かみや》美恵子《みえこ》の読者は、愛生園の名称に聞き覚えがあるかもしれない。近藤は、すでに古典と呼んでよいこの著作を書く神谷に決定的な影響を与えた人物でもあった。

病のため、近藤は指を失っている。また、視力も奪われていた。この施設では友が助け合う。目の見えない者には見える者が本を読み聞かせる。近代日本の文学全集を読み、太《だ》宰《ざい》治《おさむ》を論じ、トルストイ、ドストエフスキーをめぐって語り合った。

そうした中ある日、友が聖書を読み始める。この日が近藤の生涯を変えた。友は近藤に思いもよらない言葉を朗読し始めた。「はじめて聞く聖書、はじめて読む神の言葉、二人はしどろもどろであったが、不思議に止めようとしなかった。マタイ、マルコ、ルカ、ヨハネ伝へと、それは、次から次へと私を未知の世界へ誘いこんで行った。やがてヨハネ伝の第九章〔「生まれつきの盲人を治す」の章〕へと進んだ時、私は思わず彼に声をかけ、その部分をもう一度読んでほしいと促した」（「もえて幾山河」）と近藤は言う。

コトバに出会った近藤は、聖書を自分で読みたいと感じる。しかし、指先がすでに感覚を失っている彼は点字を読むことができない。彼は諦めない。「知覚の残っている唇《くちびる》と、舌先で探り読むことを思いついた」と同じ一文に書く。

点字は、「星」と呼ばれる硬い凹凸でできている。彼はそれを、指ではなく口に当てて読む。凹凸は唇と舌を激しく傷つける。口は、「まるでコンクリートの壁をなでるような痛み」を感じ、彼が「読んだ」点字は血にまみれた。だが、彼は読むことを止めない。同じ一文で彼は「自分の力で聖書を読むこと、自分の手で自分の気持ちを表現したいと思う強い心に痛みと苦痛は、祈りに支えられた」とも言う。

「自分の手で自分の気持ちを表現したい」と近藤が語るのには理由がある。それは自身の魂の問題にだけ関係しているのではなかった。痛みに耐え、血まみれになりながらも、彼が「読む」ことをけっして止めなかったのは、仲間と結成した「青い鳥楽団」のためでもあった。

彼は、点字の聖書と共に点字の楽譜も読み取ろうとしていたのだった。自らが楽譜を読んで、読むことのできない友に語って聞かせる。かつて自分が恩恵を受けたように、読み、隣人に語ることもまた、彼の自己表現だった。むしろ、隣人に語ることこそ、と書いたほうが近藤の境涯を率直に伝えることになるのかもしれない。同じことを彼は聖書においても試みていた。彼にとって聖書を読むとは、自身のためだけでなく、そのコトバを待っている友らのためでもあった。

次に引くのは、彼が書いた「点字」と題する詩である。ここで彼が、自身をいつも「僕ら」と呼ぶところにも、その境涯が深く刻まれている。

ここに僕らの言葉が秘められている
ここに僕らの世界が待っている
舌先と唇に残ったわずかな知覚

それは僕の唯一の眼だ
その眼に映しだされた陰影の何と冷たいことか
〔中略〕
読めるだろうか
読まねばならない
点字書を開き唇にそっとふれる姿をいつ
予想したであろうか……

ためらいとむさぼる心が渦をまき
体の中で激しい音を立てもだえる
点と点が結びついて線となり
線と線は面となり文字を浮かびだす

唇に血がにじみでる
舌先がしびれうずいてくる
試練とはこれか――
かなしみとはこれか――

だがためらいと感傷とは今こそ許されはしない
この文字、この言葉
この中に、はてしない可能性が大きく手を広げ
新しい僕らの明日を約束しているのだ
涙は
そこでこそぬぐわれるであろう（「もえて幾山河」）

イエスの生涯を論じるとは、聖書学の研究をもとに新約聖書の言葉を読みとくことである、ともいえる。おそらく近藤は、最新の聖書研究にさほど明るくはなかっただろう。また、聖書をめぐる神学、哲学の動向を知らなかっただろう。だが、近藤のように聖書を読んだ者にも、さらにいえば彼のような人物にこそ、見えてくるイエスの生涯がある。近藤は別のところで、聖書を「舌読」する友にふれ、「ある者は点字聖書の紙面に舌先を触れて、直接神のことばを味わう」だろう、と書いている（「点訳書『人間の壁』について」、『闇を光に』所収）。このとき、彼らにとって聖書のコトバはイエスがいう「食べ物」である。イエスが弟子たちに語ったように「あなた方の知らない食べ物」となっている。

彼らの聖書と私の聖書には同じ言葉が刻まれているのだろうか。比喩ではない。近藤の言葉に出会って以来、私は、自分が読む聖書と近藤が読んだ聖書との差異を感じずにはい

られない。聖書は万人に開かれていることを感じる一方、彼の聖書は、眼には見えない文字で埋め尽くされているのではないか、という思いを容易にぬぐい去ることができない。

　唇と舌で彼が読む聖書には、文字通り、血をもってしか読むことのできないコトバが秘められているのではないだろうか。労苦と悲嘆の中にいる者にこそ、まざまざと浮かび上がる文字が隠されているのではないだろうか。

第十章　死者とコトバ

東京・上野にある国立西洋美術館にロダンが作った「説教する洗礼者ヨハネ」と題するブロンズ像がある。台座も入れると二メートルを超えるこの像で、ヨハネはまったく衣服をまとっていない。一切の贅肉《ぜいにく》がそげ落ちた肉体が、地底から隆起してきたかのようにも感じられる。「説教する」と題されているが、刻まれているのは大股で闊歩《かっぽ》する瞬間である。ヨハネは止まらない。言葉を伝えるためであればどこまでも歩いてゆく。彼にとって、歩くことと語ることは同じ営みの別の側面に過ぎない。彼は、キリストの到来を人々に語った。

この像のモデルはイタリア人の農夫だった。ユダヤ人だったヨハネはおそらく違った姿をしていただろう。だが、そんな疑念を打ち消すように、この像は、見る者を二千年の時を超え、ヨハネの時代へと引き込もうとする。この銅像を眺め暮らした者の耳に、土の上を歩くヨハネの足音が聞こえたとしても驚かない。芸術はときに時空の壁を突き破る。見る者、ふれる者を永遠の地平へと導く。

ある時期、詩人リルケはロダンの秘書を務めた。彼のロダン論は次の一節から始まる。

　ロダンは名声を得る前、孤独だった。だがやがておとずれた名声は、彼をおそらくいっそう孤独にした。名声とは結局、一つの新しい名のまわりに集まるすべての誤解の総体にすぎないのだから。(『ロダン』高安国世訳)

オーギュスト・ロダン『説教する洗礼者ヨハネ』(原型1880年，鋳造1944年)
所蔵：国立西洋美術館松方コレクション
写真提供：NMWA/DNPartcom
撮影：上野則宏

ここに記された言葉は、ロダンの宿命をよく言い当てているが、そのままヨハネの境涯を活写している。存在が知られれば知られるほど誤認が深まるとは、時代を切り拓くことを託された者が、等しく背負わなければならない十字架なのかもしれない。

ヨハネは生まれながら、救世主の到来を告げるという孤高の使命を託されていた。どこにいてもヨハネの指はイエスを示していた。彼が望んだのは人々がイエスの声を聞き、その生涯を見ることだったが、人々が見たのはヨハネの指が指し示す者ではなく、それを語るヨハネの姿だった。

メシアの到来を告げるヨハネの言葉を聞き、魅せられ、周囲に人々が集まるにつれ、彼の孤独は深まった。人々は、それぞれの希望を実現してくれる者をメシアだと信じた。人々は、メシアに自分の声を届けようとする。メシアの声を聞こうとする者は少なかった。「耳のある者は聞きなさい」（「マタイ伝」11・15）とイエスは繰り返し言ったが、同様の言葉はヨハネからも聞かれただろう。

＊

群衆を率いるようになったヨハネは、一人の宗教者であるだけでなく、時代を動かす者、為政者から見れば革命を導く者にすら映った。ヘロデ王はさまざまな意味においてヨハネを恐れた。恐れは、ついにヨハネの命を奪うに至る。マルコ伝によるとヨハネは、ヘロデ王に捕らえられたあと、彼の妻ヘロディアの策略によって処刑される。

ここでの「ヘロデ王」とは、イエスが生まれたときに同世代の嬰児を虐殺したヘロデ大王ではなく、その息子の一人、ヘロデ・アンティパス（在位：前四〜後三九）である。この人物がイエスの活動していたガリラヤ地方も治めていた。ヘロデは、異母弟の妻だったヘロディアを娶《めと》る。だが、それを知ったヨハネは、ヘロデを強く非難する。兄弟の妻を伴侶とすることは、旧約聖書レビ記で禁じられていた。ヨハネは捕らえられ、獄につながれる。

妻ヘロディアは、自分の立場を脅かすヨハネを許せない。深く恨み、殺害を計画するが、遂行できない。夫であるヘロデ王は、ヨハネを捕らえたが、その一方でこの人物を深く敬ってもいたからである。ヘロデは「ヨハネを正しい聖なる人であると知って、ヨハネを恐れ、保護し、またその教えを聞いて非常に当惑しながらも、なお喜んでその言葉に耳を傾けていた」（6・20）とマルコ伝には記されている。だが、思わぬことがヨハネ処刑の契機となった。

ある日、ヘロデ王は宴席を催す。ヘロディアの娘は踊りに優れていて、その場で舞うことになった。その姿は、見る者を深く魅了する。ヘロデ王もひどく喜び、希望するものは何でも与える、望むなら国の半分でも、とすら娘に語った。彼女は当惑し、母のもとに行き、何を望むべきかを尋ねる。すると母は娘に「洗礼者ヨハネの首を」と答える。娘は急いで王のもとに戻り、「今すぐに洗礼者ヨハネの首を盆に載せて、いただきとうございます」と言う。王は、深く心を痛めたが、ひとたび人々の面前で口にした誓いをひるがえすこともできず、衛兵にヨハネを処刑し、その首をもってくるように命じる。「衛兵は出ていき、牢の中でヨハネの首を刎《は》ね、その首を盆に載せて持って来て、少女に渡した。少女はそれを母に与えた」とマルコ伝はその様子を伝えている（6・24〜28）。

　この出来事は、十九世紀の作家オスカー・ワイルドによって『サロメ』と題し、戯曲化される。「サロメ」とは、ヘロディアの娘の名前なのだが、その名前は福音書を探しても見つからない。「サロメ」の名を記しているのは『ユダヤ古代誌』を書いたヨセフスである。彼女は、ヘロディアとヘロデ王の弟との間に生まれた娘だった。

　だが、ヨハネが、福音書に述べられているような宴席での出来事に付随するかたちで処刑されたかは確かではない。イエスが本格的な宣教を始めたあとであり、彼が十字架上で死ぬまでの期間が二年半であると考えながら福音書を読むと、イエスが亡くなる前年ごろだったようにも考えられる。ヘロデがヨハネの命を奪ったことは事実だろうと思われるが、精確には、いつのことだったかは分からない。ヨセフスもヨハネの処刑の記述を残しているが、異なる場所、異なるかたちだったと伝えている。

マルコ伝は、ヨハネの死のあとの消息を伝えていない。だが、同様のことが述べられているマタイ伝では、ヨハネの弟子たちが遺体を引き取り、葬ったあと、イエスにヨハネの死を報告したと書かれており、それを聞いたイエスは、一時、人里離れたところに身をひそめたと記されている。

これらの事実は、ヨハネのもとに集まった人々とイエスの周囲にあった人々との間に単なる交流以上の関係があったことを示している。ヨハネが亡くなったあとのイエスの行動を見た人々は口々にこう語った。「あれは洗礼者ヨハネだ。死者の中から生き返ったのだ。だから、奇跡を行う力が彼の中に働いているのだ」（「マタイ伝」14・2）。死者となってからもヨハネは、その存在を失わない。聖者の肉体は滅びるが、使命は生きるというのである。

ユダヤ教の教義はともかく、当時のユダヤ人が、聖者の魂は生者において新生し、その働きは続くと考えていたことを、先の記述は端的に物語る。ユダヤ人の日常において死者は、語る対象ではなく、経験的な存在だった。

ルカ伝では、ヨハネの死をめぐる記述が著しく異なる。そこではサロメのことも、ヨハネの弟子とイエスの弟子との交流にもまったくふれられていない。何らかのかたちでヨハネが処刑されたことをヘロデ自らの口から語らせている。だが、死者の転生を思わせる記述は、こちらのほうがなまなましい。

時に、領主ヘロデは、「イエスをめぐる」いろいろな出来事を耳にして当惑していた。それは、ヨハネが死者の中から生き返ったと言う者もあれば、エリヤが現れたと言う者もあり、また、昔の預言者たちの一人が生き返ったのだと言う者もいたからである。そこで、ヘロデは言った、「ヨハネはわたしがすでに首を切った。すると、このようなうわさの種になっているのは、いったい何者だ」。そして、イエスに会ってみたいと思っていた。（9・7〜9）

王であるヘロデは、自らの立場を脅かすヨハネを恐れ、イエスを恐れた。だが単に恐怖の対象だったのではない。先に見たマルコ伝の「非常に当惑しながらも、なお喜んで」ヨハネの言葉に耳を傾けていたとの一節にあったように、強い畏怖の対象でもあった。恐怖の対象は、その姿が目の前から消えればそれでよい。しかし、畏怖の対象は違う。姿が見えなくなればなるほど、存在感は膨張し、畏れの感情も大きくなる。自分で首を切るように命じたと語りながらヘロデは、内心に肉体が滅びても消えることのないヨハネの臨在を烈しく感じていた。ヘロデにとってヨハネは、死んでからますますその存在が大きくなったのではなかったか。

死者を前にしたとき、恐れと、戦慄にも似た畏れが混じり合った感覚は、ヘロデだけでなく、当時のユダヤ人に共通の感覚でもあったことは、福音書の随所に確認することができる。

＊

ルカ伝にある「金持ちとラザロ」はその一例である（16・19〜31）。ある日イエスは、弟子たちを前にして、ある金持ちの男とラザロという貧困と困窮のうちに生涯を終えた男をめぐる話を語り始めた。

金持ちの男は、何の不自由も感じることなく、豪奢《ごうしゃ》な毎日を送っている。彼の邸宅の前にラザロという貧しい、身体にできものがある醜い男が座っていた。この男は、金持ちからのおこぼれで生きていこうとしていた。誰もこの男を顧みることはなく、寄ってくるのは犬だけだった。「犬までも寄ってきて、その男のできものをなめていた」との記述は、飢えて身動きできない男の姿を想起させる。

ある日、男は死ぬ。そして天使に導かれて、最初にして、もっとも偉大な預言者アブラハムのもとへと導かれる。また、金持ちも亡くなる。だが、この人物は陰府《よみ》で苦しまねばならなかった。

冥府で苦しみながら、金持ちがふと顔を上げると、アブラハムの懐《ふところ》にいるラザロの姿が目に飛び込んでくる。すると金持ちは、思わずアブラハムに叫ぶようにこう語った。

「父アブラハムよ、わたしを憐れんでください。ラザロを遣わして、その指先を水に浸し、わたしの舌を冷やさせてください。わたしはこの炎の中で悶《もだ》え苦しんでいます」。

福音書に説明らしい記述はいっさいないが、金持ちはなぜか、自分を救ってくれるのがラザロであることを知っている。彼は、死者となったラザロに付与されているものが、自分に欠落していることに耐えることができない。さらに金持ちは、こうも語ったという。

「父よ、お願いです。わたしの父の家にラザロを遣わしてください。わたしには五人の兄弟がいます。彼らもこんな苦しい場所に来ることがないよう、きびしく言い聞かせてください」。死者となったラザロを、まだ生きている自分の家族のもとに遣わせてほしい、そしてラザロから生きる根源的意味を家族に伝えてほしい、と金持ちは懇願する。人間の生涯において、もっとも重要なのは何かを成し遂げることでも、蓄財することでもなく、隣人と、それも貧しい隣人と共に生きることだと語ってほしい、というのである。

「金持ちとラザロ」の話はチャールズ・ディケンズが書いた小説『クリスマス・キャロル』を強く思わせる。この作品も死者と生者が交わる物語で、死者が、「幽霊」となって顕われ、生者を戒める。この小説で語られるGhost——ディケンズは大文字で書くこともある——は、幽霊であると共に精霊でもある。精霊は、キリスト教における三位一体の

「聖霊」の遣いである。事実、聖霊は英語でHoly Ghostと書く。この小説で死者は、聖霊の使者として働く。正面から語られることはないが、イエスは随所に不可視な姿で、すなわち聖霊として描き出されている。

主人公スクルージは、文字通り守銭奴である。貧しい人に金を貸し、厳しく取り立てる。彼の事務所にはボブという使用人がいるが、スクルージは炭の代金を節約するために冬でもボブに暖を取らせない。ある日、彼の前に七年前に死んだ同僚のマーレイが現れる。そして、金銭のためにだけ生きることの愚かさを説く。また、それゆえに死後に背負わなくてはならない務めが苛酷《かこく》であることも伝える。だが、スクルージにはなかなか納得がいかない。彼はかつての同僚に、君はあんなに真面目に仕事をしたじゃないか、どうしてそのことで責められなくてはならないのかと問い返す。すると死者であるマーレイは、声を高くしてこう語る。

「仕事だと！」幽霊は、またもや両手をもみしぼりながら、そう叫びました。「人間こそ、わしの仕事だったのだ。万人《ばんじん》の幸福こそ、わしの仕事であった。慈善、情け、寛容、そして、思いやり――それらがみな、わしのなすべき仕事だったのだ。商売上の取り引きなんぞは、わしに課せられた仕事のすべてから見れば、大海のなかの一滴の水にすぎん！」（『クリスマス・キャロル』脇明子訳）

万人の幸福こそ、自分の仕事だった、と死者は語る。金銭を儲けることに問題があるのではない。そのことが隣人の姿を見えなくするのであれば、人は十分に警戒しなくてはならない。なぜなら、生者の務めは何かを成し遂げることよりも、何かを分かち合うことにあるからだ。人間の眼には大きな経済的達成と見なされるものも、分かち合うことから見れば、準備に過ぎないというのだろう。

『クリスマス・キャロル』が書かれたのは一八四三年、今から百七十年以上前である。今でも読まれているのは、この小説が物語として優れているからでもあるが、作者が照らし出している問題に関して、現代の私たちは解決するどころか、いっそう混迷を深めているからかもしれない。死者は別れ際、かつての同僚にこう洩《も》らす。

> なぜわしが、おまえの目に見えておるとおりの姿で、おまえの前に現れたかということは、言うわけにはいかん。これまでにもわしは、目には見えぬままに、何度となくおまえのそばにすわっておったのだ。

死者は、なぜ訪れているのかその理由を詳細に語ることを禁じられている。それは生者が自分で見つけなくてはならないことだというのだろう。

だが、死者は、生者には見えないところでいつも、生者の傍らにあって、見守っていることを語ることは忘れない。この小説は、生者が存在するとは、死者と共にあることだと想い出させてくれる。「金持ちとラザロ」の物語をイエスの口から聞いた者たちにも、同様の情感が湧き上がったのではなかったか。

現代のキリスト教は、あまりにも死者に寡黙である。それはディケンズの時代からすでに起こっていた現象なのだろう。マタイ伝には「わたしに従いなさい。死者は死者に葬らせなさい」（8・22）との一節がある。確かにイエスは、死者をどう葬るかを生者が必要以上に考えることを戒める。なぜなら、死者は葬られたところではなく、生者の傍らにいるからである。

「金持ちとラザロ」の物語が、イエスによって語られていること自体が、死者の現存をなまなましく示している。イエスは、神と人間の仲介者であると共に、生者と死者との間を仲介する。死者は、死者に対して働くだけでなく、生者にも働きかける。ときに死者は、訓戒を通じてさえも生者を守護する。

だが、イエスが説くのは、死者となった親しい隣人の「声」に耳を傾けることではなかった。自分と生きている家族を救ってほしいと悲痛なまでに訴える金持ちにアブラハムはこう語った。

もし、モーセや預言者たちに耳を傾けないなら、たとえ、誰かが死者の中から生き返っても、彼らはその言うことを聞かないであろう。（「ルカ伝」16・31）

親しい者だけが「死者」なのではない。モーセをはじめとした預言者たちもまた、生ける死者だというのである。モーセや預言者たちが、「人間」を代表する存在であることは言うまでもない。預言者たちは、コトバとなって生者の世界に生きている。生者がそれを深みにおいて認識するとき、言葉は記号ではなく、生けるコトバになる。死者はしばしばコトバとして生者の傍らに存在する。その意味を、その恩恵を真剣に顧みない者に、死者が姿を現し、何かを語ったとしても、その言葉に真摯に耳を傾けることなどあるだろうか、とイエスは言うのである。

＊

ほかの福音書でも、人々がイエスに預言者のよみがえりを見ていた事実が伝えられている。ヨハネが亡くなってしばらく経ったある日、イエスが本拠地にしていたガリラヤ湖から北に四十キロほど離れたフィリポ・カイサリアに行く途中のことだった。イエスは弟子たちに、人々が自分のことをどう語っているかと尋ねる。すると、彼らは師にこう答えた。

「洗礼者ヨハネだと言う者もあれば、エリヤだと言う者もあり、預言者の一人だと言う者もあります」（「マルコ伝」8・28）。この言葉を聞くとイエスは、それならばあなた方はどう思うのかと弟子たちに問い返した。するとペトロは言う。「あなたはメシアです」（8・29）。

この発言は、ペトロの信仰告白としてしばしば言及される。キリスト教会にとってはイエスの後継者が正式に誕生した出来事として、重要視されている。だが、この事象をめぐって四つの福音書での記述は大きく異なる。

マルコ伝とルカ伝では、「あなたはメシアです」と語ったことだけが記されていて、解釈はない。だが、マタイ伝では、その告白を聞いたイエスがペトロに「あなたに天の国の鍵を授ける」（16・19）と語ったと書かれている。さらにヨハネ伝では、ペトロの語った告白自体が、まったく違ったかたちで描き出されている。

> シモン・ペトロが答えた、「主よ、わたしたちは誰のもとに行きましょう。あなたは永遠の命の言葉を持っておられます。わたしたちは、あなたが神の聖なる方であることを信じ、また、知っています」。（6・68〜69）

奇跡をはじめとするさまざまな徴を顕わすことが「メシア」の証しなのではなく、「永遠の命の言葉」を託された者であることが救い主の証しとなる、とペトロは語ったというのである。さらに人々は、神がコトバであることを信じるというより、すでに「知っている」るのである、とすらペトロは言う。

ペトロが信仰を告白したあとイエスは、そのことを誰にも語ってはならないと公言を封じる。イエスは、誰にも話さないようにと、「弟子たちをきびしく戒められた」（8・30）とマルコ伝にはある。なぜ、イエスは弟子たちに救世主の到来を告げることを禁じたのか。

ペトロは確かにイエスを「メシア」であると宣言した。だが、福音書を読み進めてみると、ペトロがここで語った「メシア」とイエスが是認した救世主が同義だったかは、容易に判断できない。のちにイエスが捕らえられたとき、イエスとの関係を詰問され、鶏が鳴く前に三度否認したのもペトロなのである。

人はときに、深く自覚されていない思いを口にする。軽率であるからではなく、個の意識活動とは別な促しによって、人は自己を驚愕させるような言葉を語ることがある。

フィリポ・カイサリアを離れるとイエスは、どんどん南下し、ガリラヤ湖を越えてタボル山へと向かう。ヨハネは歩くことを止めなかったが、それはイエスも同じである。イエスの肉体もまた、ロダンのヨハネ像のようだったのかもしれない。彼は聖堂で人々の来訪を待った人物ではない。イエスから多くの人々のもとへと出向いたのである。イエスは、ペトロとヨハネとヤコブを連れ、その山に登り、祈りを始めた。イエスに同行した弟子たちは疲れ果てていた。だが、眠気と闘いながらもある事象を目撃する。イエスの顔の様子が変わり、衣は真っ白に輝く。それればかりか、いないはずの二人の人がイエスと話していた。一人はモーセで、もう一人はエリヤだった。彼らはエルサレムで迎えることになるイエスの最期をめぐって話をしていた。二人がイエスから離れようとするとき、ペトロは突然、こう語り始めた。

「先生、わたしたちがここにいるのは、素晴らしいことです。三つの仮の庵を造りましょう。一つはあなたのため、一つはモーセのため、一つはエリヤのために」。ペトロは自分で言っていることが分かっていなかった。(「ルカ伝」9・33)

「自分で言っていることが分かっていな」い状態でも告白は行われ得る。また、そのとき、その言葉を発する者は発話者であると共に、語られたコトバを最初に聞く者になる。ペトロは、自分が何を語ったのかを、本当の意味では知らない。それでもコトバは、確かに世界に刻まれるのである。預言者の多くがそうだったように、ときに彼らは自分の語ることを理解できない。それでもコトバは顕現する。このとき真に語っているのは、人であるより、コトバとなった超越者である。「み言葉は神であった」とヨハネ伝がいう意味における神であるコトバである。ときにコトバは、自らを顕わそうとし、人を通路として用いる。

「イエスの変容」として知られるこの出来事はマルコ伝にもあって、そこでは「ペトロは何を言ってよいか分からなかった。弟子たちは恐怖に襲われていたからである」と記されている。ここでの「恐怖」の対象は、『聖なるもの』の著者ルドルフ・オットーがいう大いなる戦慄、極度の畏怖を呼び覚ますもの、「ヌミノーゼ」である。

姿を変容させるイエスを見、畏れ慄くペトロも、また、イエスに、私を誰だと思うのかと聞かれ「メシアです」と答えたときのペトロも、やはり「自分で言っていることが分かっていなかった」のかもしれない。そうでなければ、イエスは弟子たちに自分がメシアであることの公言を禁じることはなかっただろう。

＊

「メシア」であるとペトロがイエスに告げたあと、師が弟子たちに語り始めたのは、自らの「受難の予告」だった。「しかも、あからさまに」話した、とマルコ伝にはある。その言葉を聞いたペトロは、イエスを少し離れた場所に引き寄せ、その発言をいさめた。するとイエスは振り返って残りの弟子たちを見たあと、こう語ってペトロを叱責《しっせき》する。「サタンよ、引き下がれ。あなたの思いは、神のものではなく、人間のものである」（8・33）。

この一節を見ても、この時点におけるペトロのメシア認識が、イエスのそれと著しく異なることが分かる。だが、「サタンよ、引き下がれ」との一節が明らかにしているように、イエスはペトロをとがめているのではない。ペトロを利用しようとする「悪霊」の上に神のコトバをふりまき、その働きを無にしようとする。

また、別なときイエスは、人々の前で、悪霊を追い出すのは神の力によってであると語る。するとそれを聞いていたある女が思わず声をあげる。「何と幸いなことでしょう。あなたを宿した胎《たい》、あなたが吸った乳房は」。この発言を聞いたイエスは、こう応える。「むしろ幸いなのは、神の言葉を聞き、それを守る人々である」（「ルカ伝」11・27〜28）。自分を見てはならない。自分を通じて顕われるコトバ、神のコトバから目を離してはならないというのである。

ここでの「コトバ」も必ずしも言語の姿をしているとは限らない。神は、万物に意味を付与する。万物をコトバとして用いる。ヨハネの黙示録に見られるように、ある人々には空行く雲すらコトバだった。そこに風の働きを見たのである。風を表す古代ギリシャ語プネウマ pneuma は、同時に神の息吹、また聖霊を意味する。

第十一章　エルサレム入城

弟子たちとイエスは、エルサレムに向かって旅をしていた。

今日もエルサレムは、ユダヤ教、キリスト教、イスラームそれぞれの聖地だが、イエスの時代からこの場所には、ヘロデ大王（洗礼者ヨハネを処刑したヘロデの父）が建てた大きな神殿があり、宗教の中核地として栄えていた。イエスはそこで十字架に架かって死ぬことになる。

道中でイエスは弟子たちに自らの受難が遠くないことを何度となく告げた。「人の子は人々の手に渡され、殺される。しかし、殺されて三日の後に復活する」と語った。だが、「弟子たちはこの言葉〔の意味〕が分からなかったが、尋ねるのを恐れていた」とマルコ伝には記されている（9・31～32）。

尋常ではないことが語られているのは弟子たちにも分かる。だが、それが真に何を意味しているのかを彼らは理解できない。弟子たちの関心は、まったく別なところにあったからである。彼らは、師が語る自身の最期よりも、自分たちの偉大さに関心があった。旅の間も彼らは誰がもっとも偉いのかをめぐって真剣に論議を重ねていた。

宿泊地に到着するとイエスは、弟子たちに道中、何を論じ合っていたのかと尋ねる。そう言われてはじめて弟子たちは、自分たちの関心事の虚しさを知る。彼らは、真に偉大であるとは何かを知らずに、自分たちの偉さを論じていたのだった。弟子たちの様子を見るとイエスは、腰を下ろし、十二人の弟子たちを近くに呼び、こう語り始めた。

> 第一の者になろうと望む者は、いちばん後の者となり、またみなに仕える者とならなければならない。（「マルコ伝」9・35）

同様の言葉は、福音書に幾度となく記されている。ルカ伝には、「あなた方みなの中で最も小さい者こそ、最も偉いのである」（9・48）と記され、マタイ伝では、「心を入れ替えて幼子のようにならなければ、決して天の国には入れない。だから、幼子のように自らへりくだる者が天の国でいちばん偉いのである」（18・3〜4）とも述べられている。人間から見て、小さき者、へりくだる者と称される存在が、「天の国」ではもっとも偉大な者となるというのである。

ここで語られているのは、処世訓でもなければ謙遜《けんそん》の徳でもない。さらにいえば、人はいかにして偉大な者になり得るかという問いへの答えでもない。むしろ、そうした問いそのものからの訣別であり、人間界における価値・無価値をさだめる座標軸からの離脱である。イエスが弟子たちに示そうとしているのは、思想の知解ではなく、存在する次元の転換である。

弟子たちは、人間界における覇権を求めている。しかし、イエスはいかに天の国に生きるかを説く。弟子たちは、人間界において自分がいかに価値ある者たり得るかを考えている。だが、イエスは、正反対の視座に立てという。自分の目的のために世界を用いる者ではなく、世界に用いられる者、人に仕える者こそがもっとも貴い者であることを示そうとする。

しかし、どう話してみてもイエスの意図は弟子たちには伝わらない。それを察したイエスは、まったく別な行動に出る。近くにいた一人の幼子を呼び寄せ、輪をなして座っている弟子たちの真ん中に立たせ、その子供を傍らに抱き寄せながら、こう言葉を続けた。

> わたしの名の故に、このような幼子の一人を受け入れる者は、わたしを受け入れるのである。またわたしを受け入れる者は、わたしを受け入れるのではなく、わたしを遣わされた方を受け入れるのである。（「マルコ伝」9・37）

もっとも弱き者にも等しく神の働きは及んでいる。神の子であることにおいて、すべての人間に差異はない。もっとも無力な者を受け入れる者は、創造者すら受け入れることになる、と言う。このときイエスは確かに、「幼子」を語ることによって真の敬虔の精神を示そうとしている。このとき、「幼子」は、清廉《せいれん》な心をもつ者を象徴している。だが、彼の意図はおそらくそれだけではなかった。

想像していただきたい。自分もまた、弟子たちの輪の中にあり座っている。幼子を抱き寄せながら、「心を入れ替えて幼子のように」なれ、と語るイエスを見上げている。静かだが、辛辣な発言が突き上げるように胸中を貫く。単に「幼子」をめぐって話すだけでなく、弟子たちを丸く座らせ、その中心に自分と幼子を立たせてみるということを現実にやって見せるところには、言語を超えて何かを語り、それをそのまま聞く者の魂に届けようとするイエスの意図を感じる。

この一節を読みながら、一種の曼荼羅《まんだら》が現出するのを感じる。イエスの生涯を論じながら曼荼羅など、飛躍が過ぎると思われるかもしれない。曼荼羅というと、空海《くうかい》が説く真言密教がいう金剛界《こんごうかい》曼荼羅と胎蔵《たいぞう》界曼荼羅が対になったものを思うが、曼荼羅の形式はそれに限定されない。チベットの砂曼荼羅もあれば、広い空間に仏像を配置することで曼荼羅を表現する立体曼荼羅と呼ばれるものもある。「曼荼羅」とは、言語では表現し得ない存在世界の真相を表現する試みのことであり、特定の様式を指すのではない。東洋に曼荼羅があることを知らないユングが自らの内的風景を描いた「赤の書」に記されたようなマンダラもある。

幼子とイエスにふれ、想起しているのは、京都の東寺《とうじ》にある羯磨《かつま》曼荼羅である。東寺の講堂には大日如来《だいにちにょらい》を中心に二十一体の仏像が配置され、超越界の働きをそれぞれ表現し、人間界の彼方の世界、一種の「宇宙」を現出させている。これも立体曼荼羅で、空海の創案によると伝えられている。「羯磨」とは、サンスクリットのkarma、カルマの漢語である。この言葉は業を意味することもあるが、「働き」も意味する。密教学の泰斗松長有慶《まつながゆうけい》は「曼荼羅」の実相を端的にこう語っている。

> 曼荼羅は、聖なる世界の視覚化というだけにとどまらない。その中に、鬼神や精霊をも含めた現実の俗なる世界が二重映しに投影されている。この意味で、それは聖俗一体の世界像の縮図ということができる。（『密教』）

弟子たちが囲むところに幼子を傍らにイエスが立つ。やはりそこにも聖俗を二分しない存在世界が開けている。イエスは、語ることではなく、見せ、その場に居合わせることで人間界と彼方なる世界の不可分な関係を経験的に示そうとしている。イエスが抱き寄せているのは、一人の幼子であると共に、万人の魂に生きている内なる「幼子」でもある。万人に等しく付与されている、朽ちることのない魂という「幼子」を通じて、この世界がいつも彼方なる世界にふれていることを示そうとしたのではなかったか。

弟子たちがその真意を感じたのは、師が死んでからだったように思われる。このとき弟子たちはまだ、この世界に生きることは同時に、「天の国」に生きることでもあることを理解できない。師と弟子たちの間にあるこの溝は、イエスの生前に埋まることはなかった。師が、十字架上で死に、復活し、弟子たちが自他共に「使徒」と称するようになったとき、彼らは皆、神のコトバを伝える勇敢なる「幼子」として世界に散らばって行ったのだった。だが、イエスの生前の日々が記されている福音書においては、弟子たちとイエスは、同じ場所にいながら、異なる次元に生きている。旅の途中、何を話していたのかとイエスが尋ねるという行為にすら、イエスと弟子たちの断絶が静かに、しかし、はっきりと高い象徴性をもって示されている。弟子たちは、イエスと「離れて」歩いている。そして、師の教えとはまったく異なることに時間も労力も費やしている。

傍目《はため》からは、旅するイエスと弟子たちは、一群をなしているように見えたかもしれない。だが、確かにイエスは、弟子たちの声がはっきりと聞こえないくらい離れ、独り歩いている。それは物理的距離であると共に、霊的な乖離でもあった。

*

エルサレムに行く途中、ペトロはイエスに尋ねた。「主よ、わたしの兄弟がわたしに罪を犯した場合、何度、赦さなければなりませんか。七回までですか」（「マタイ伝」18・21）。するとイエスは七回どころか、七の七十倍まで許さなくてはならないと応える。弟子たちの長でもあったペトロはいさかいが絶えない弟子たちの間をどう取り持つかを考えていたのかもしれない。

ここでの「兄弟」が、血縁のある親族ではなく、精神的同胞を意味するのは、これまでの流れからも感じられると思う。だが、ここでの「兄弟」を字義通りの血縁者であると理解する人々もいる。また、ペトロの兄弟ではなく、イエスの「兄弟」が問題になると、事は一気に大きくなる。さらに、ここでの問題は、イエスの母マリアの存在をどう考えるかにも波及する。イエスの「兄弟」にふれた記述としては、次のマルコ伝の一節がある。

> この人〔イエス〕は大工ではないか。マリアの子、またヤコブ、ヨセ、ユダ、シモンの兄弟ではないか。そしてまた、姉妹たちは、わたしたちと一緒にここにいるではないか。（6・3）

カトリックは、ここでの「兄弟」も文字通りのある兄弟ではなく、従兄弟、あるいは霊的兄弟を意味すると考える。一方、プロテスタントには、ここでの「兄弟」を文字通り、イエスの兄弟だと考える人々もいる。だが、もし、イエスに兄弟がいたと解釈するなら、このマルコ伝の一節を受け、姉妹もまた、いたと考えなくてはならなくなる。

この「兄弟」が血縁的存在を意味しないことの証しとして、カトリックは、ヤコブ、ヨセ、ユダ、シモンが、イエスの母マリアの子として描かれた箇所がないこと、さらに先の一節のヤコブ、ヨセと同一の人物と思われる人が、マルコ伝の別なところでイエスの母であるマリアとは別な「マリア」の息子として描かれていると指摘する。その記述は、彼らがイエスの死を遠くから見守る光景が描かれているところにある。

イエスの近く、その正面に立っていた百人隊長は、イエスがこのように息を引き取られたのを見て言った、「まことに、この方は神の子であった」。また、婦人たちが遠くから見守っていた。その中には、マグダラのマリア、小ヤコブとヨセの母マリア、およびサロメがいた。この人たちは、イエスがガリラヤにおられたとき、イエスに従って、仕えていた婦人たちである。（15・39～41）

この記述からは逆に、先にあった「ヤコブ、ヨセ、ユダ、シモン」のうち、ヤコブとヨセが実の兄弟だったことが分かり、また、その母の名も、イエスの母と同じくマリアだったことが分かるという主張なのである。

イエスに兄弟がいたのか、あるいはマリアにはイエスのほかに子供がいたのかという問題は、キリスト教の世界では今も大きな問題であり続けている。そうした問題にここで決着をつけられるはずがない。だが、こうしたことを含む神学・教義学的な衝突が昂じるとき、どんなことが起こったかは記しておきたい。

人類の歴史には、イエスの生前の弟子たちがそうだったように、イエスの周辺で起こったことに目を奪われて、彼のコトバに耳を傾けることを忘れた時代があった。近世ヨーロッパでは、新旧両派によって勢力が二分され、無防備な人々を大虐殺するという出来事にまで至ったのである。

フランス・パリで「サン・バルテルミの大虐殺」と呼ばれる出来事が起こったのは、一五七二年のことだった。のちの国王アンリ四世とその妻マルゴ王妃の婚礼を祝うために人々がサン・バルテルミの祝日に広場に集まる。アンリはプロテスタントで、参列者には信仰を同じくする名だたる貴族たちが連なった。この機に乗じ、カトリック側は大きな兵力と共にこの場を襲撃し、多くの新教徒を虐殺する。騒乱はこの場に留まらず、地方にも広がり、多くの市井の犠牲者をも生んだ。当時ヨーロッパを二分したのは国家の別であるより宗教の違いであり、同じキリスト教徒でも、宗派の差異は国籍の違いよりも大きな問題だった。異宗派の人々は倒すべき眼前の敵だった。

だが、同じ時代のフランスに、のちに「ユマニスト」と呼ばれる人々が現れる。古典学者、医者、陶芸家、神学者、宗教者など、さまざまな分野に「ユマニスト」が出現する。英語の「ヒューマニズム」「ヒューマニスト」に当たる言葉だが意味は異なる。現代英語の同義語からは感じることが難しくなっている語意を「ユマニスト」の一語に籠め、生涯にわたってユマニスムの深層を考えたのがフランス・ルネサンス研究の碩学渡辺《わたなべ》一夫《かずお》だった。「ユマニスム」あるいは「ユマニスト」という呼称があって、そうした人々が出てきたのではない。その呼称が定着したのは十九世紀以降だったと渡辺は書いている。

のちに「ユマニスト」と称される人々は、人を救うはずの宗教が原因になって、多くの人が傷つくのを見過ごすことができなかった。人間が、超越との関係を保ちながら、真に協同できる世界の到来を模索した。彼らの胸中にあったのは「それはキリストと何の関係があるのか？」という問いだった。

キリスト教にもさまざまな宗派がある。他宗教との対話を試みる者でも、同じキリスト教の異なる宗派の人にはこころを閉ざしていることが少なくない。霊性の違い、あるいは神学的見解の違いが関係を分断している。キリスト教が、イエスを「キリスト」、すなわち救世主であると信じることであるなら、すべての問いは、「それはキリストと何の関係があるのか？」という地平において問われ直されなければならないだろう。渡辺は「ユマニスム」の本質をこう記している。

> ユマニスム（ヒューマニズム）という字は、単に博愛的とか人道的とかいう意味にのみ用いられるよりも、人間が自分の作ったもの、現に自分の使っているものの機械や奴隷にならぬように、歪んだものを恒常な姿に戻すために、常に自由検討の精神を働かせて、根本の精神をたずね続けることにほかならないのではないかと考えております。（『フランス・ルネサンスの人々』）

宗教とは本来、人間を自由に導くものでなければならない。イエスが生涯を賭して説いたのも真実の自由だった。ここでの自由とは、法的権利ではない。自ずからなる働きに由る、超越への思慕である。

＊

共観福音書ではそれぞれ、少なくとも三度の受難の予告が記されている。最後の告知をしようとするイエスを描き出す聖書記者たちの筆致は、それまでの二回とは異なる緊張感がみなぎっている。マルコ伝にはこう記されている。

> いよいよ、わたしたちはエルサレムに上って行くが、人の子は、祭司長たちや律法学者たちに渡される。彼らは人の子に死刑を宣告し、そして異邦人に渡す。異邦人は人の子をあざけり、つばを吐きかけ、鞭打ち、ついに殺してしまう。しかし、人の子は三日の後に復活する。（10・33〜34）

これまでは人々の手によって殺され、三日後に復活するとだけ伝えられていたことが、自分は、祭司長という宗教界の長、そして律法学者、双方からの迫害に遭い、裁かれ、死刑になると告げる。異邦人はローマ人を指す。その処刑が屈辱に満ちたものであることも伝えられる。

だが、これほどのことが語られているにもかかわらず、弟子たちはその真相が分からない。師の言葉を聞き、二人の弟子ゼベダイの子ヤコブとヨハネは懇願したいことがあるとイエスに詰め寄る。二人は、イエスが栄光を受けるとき、一人を右に、もう一人を左に座らせてほしいと訴える。どんなことがあっても、自分たちは師のもとを離れないという際限なき忠誠の宣言のつもりで、弟子たちは思いを語ったのだろうが、それを聞いたイエスの応答は冷静な、また、ある悲しみを帯びたものだった。二人の話を聞き、イエスはこう語った。「あなた方は自分が何を願っているのか分かっていない」（10・38）。

弟子たちは、師が何かの比喩として自らの死と復活を語っているようにしか理解できない。二人が抜け駆けをするように師に思いを伝えたことに対して、十人の弟子たちは激しい憤りを覚える。そこにはのちにイエスを「裏切る」ユダも含まれている。彼もまた、わが身を捧げてもよいほどの熱情を師に対して抱いていたのである。弟子たちによる発言はイエスをいっそう孤独にしたかもしれない。イエスは、独り、自らの道を進む。

> さて、一行はエルサレムに上る途上にあった。イエスはその先頭に立って進まれた。弟子たちは驚き、従う者たちは恐れを抱いた。イエスは再び十二人を呼び寄せて、ご自分に起ころうとしていることを語り始められた。（「マルコ伝」10・32）

一群の先頭を独り歩くイエスの姿を活写する記述は、今日読んでもなまなましい。イエスの宣教の旅は、アンデレ、ペトロを弟子にするところから始まった。当初、彼に従う者はわずかだった。そして、十二人の弟子たちと出会い、二年ほどの歳月を経てエルサレムに入るころには、彼のまわりには彼によって救われた人々が群れをなしていた。

その姿を思うとき、現代の私たちにとって身近な光景は、塩の行進（イギリス植民地政府による塩の専売への抗議運動）を率いるガンディーと彼に従った人々かもしれない。ガンディーは、敬虔なヒンドゥー教徒だったが、イエスを敬愛することにおいては人後に落ちなかった。彼が率いたインドの独立運動においてイエスからの影響が甚大であることは見過ごされてはならない。弁護士として活躍していた若きガンディーに霊性の目覚めと呼ぶべき出来事が起こるきっかけになったのも福音書を読んだことだった。はじめは八十人弱の仲間たちと始められた行進は、目的地に到着するころには数千人の群れになっていた。およそ一ヶ月の道中、参加者は衣食住の多くの支援を受けながら海を目指した。こうした旅の姿も、エルサレムに向かって旅する晩年のイエスを思わせる。二人によって試されている霊性の営みは時代と文化の差を超えて共振する。

*

旅に出てからイエスは、いつも困難を生きる人々のそばにあった。旅するイエスはいつも群衆と共にあった。彼が行くところに人が集まった。生涯を通じて「奇跡」は彼の日常の出来事だった。難病の治癒のみならず、死者すらよみがえらせたと福音書は伝えている。

エルサレムに入り、神殿を見た弟子はイエスにこう言った。「先生、ご覧ください。何と素晴らしい石、何と素晴らしい建物でしょう」。それを聞いたイエスはこう応えた。「これらの壮大な建物を眺めているのか。積み上げられた石が一つも残らないまでに、すべては崩されるであろう」（「マルコ伝」13・1〜2）。

人は、神殿を見るが、神殿に「棲む」者を感じない。身体への奇跡を通じてイエスが真に伝えようとしたものが何であったかを知る者は少なかった。魂の問題を、さらにいえば霊の問題を彼が語り、あるいは実現しても人々は、いつも肉体に起こることを見て、口々に「奇跡」だと叫んだ。

　福音書に記された奇跡譚の中でもよく知られたものの一つに出血病を患う女性をめぐる話がある。この出来事が起こったのも群衆がイエスを取り囲んでいるときだった。この女性は、十二年もの間、出血病を患っていた。医者にも行ったがまったく改善の兆しがなく、治療のためにもてるもののすべてを失ってしまった。彼女もまた多くの群衆に交じって「イエスの周りに群がり、ついて行った」のだった。

　イエスのことを聞いた彼女は、群衆に交じり、後ろのほうからイエスの衣に触れた。イエスの衣にさえ触れることができれば、救われるに違いないと思っていたからである。すると、立ちどころに血の源が乾いて、病気が治ったことを体に感じた。イエスもまたすぐに、ご自分の中から力の出ていったことに気づいて、群衆のほうを振り返り、「わたしの衣に触れたのは誰か」と仰せになった。そこで弟子たちは言った、「ご覧のとおり、群衆があなたの周りに群がっています。それなのに「わたしに触れたの

は誰か」とおっしゃるのですか」。(「マルコ伝」5・27〜31)

わずかでもイエスにふれることができれば、救われると女性は信じている。この熱き信仰が、どこから生まれたのかは福音書では語られていない。だが、不治の病を背負いながら生きている彼女の状況からも、神学を学んだり、苦行を積んだりすることができないのは明らかだ。苦しみと悲しみが彼女の信仰を育てた。信仰は、魂で育まれた。

福音書でイエスの奇跡が語られている箇所はけっして少なくないが、これほどまでにイエスの側に立って肉感的に表現されている場面は少ない。

女性がイエスにふれる。イエスは自分から彼女の病を治す力が流れ出るのを感じる。真にふれ合いさえすれば、病を治そうと意志する以前にイエスから不可視な働きが放たれる。「わたしの衣に触れたのは誰か」とイエスは言い、女性がそれに応じる。二人の間には傍観する者には分からない邂逅の出来事がある。このあとイエスは女性に「娘よ、あなたの信仰があなたを救った」と言い、二度と同じ病に悩むことはないと告げる。

弟子たちも、この出来事の外にいる。物理的に見れば、このときイエスを取り囲んでいた「群衆」はけっして少なくなかった。多くの者が彼の服にふれただろう。彼の体に手を伸ばした者もあったかもしれない。満員電車で誰が服にさわったのかと叫ぶのに似ている。だからこそ、弟子たちは師の言葉を聞き、訝《いぶか》しく思ったのだった。

衣にふれるだけでも、とイエスに近づこうとした人は他にも少なからずいたはずである。イエスにふれた者、あるいはイエスにふれられた者は、イエスに従った。彼と旅を共にする者も少なくなかった。その土地に留まらなくてはならない者もわが身に起こった奇跡を口々に語った。噂《うわさ》は急速に広まり、彼がエルサレムに着くころには、イエスの生地からは遠いその土地の人すら不思議な「預言者」の到来を切望するほどになっていた。

宣教するイエスに著しく反対し、ついにはその殺害すら考えたユダヤ教ファリサイ派の人々は、イエスと共にエルサレムに近づく群衆を見てこう語った。「見ろ、もう何をやっても無駄だ。あのとおり、世はこぞって彼について行ってしまった」。

この一節はヨハネ伝にある。そこにはエルサレムでは「群衆がイエスを出迎えた」とも書かれている（12・18〜19）。

エルサレムが近づくとイエスは、二人の弟子に、近くの村に行ってロバを借りてくるようにと告げる。ユダヤの伝統ではロバに乗るとは、王たる者の象徴的な行為だった。それは旧約聖書のゼカリヤ書の記述による。

娘シオンよ、大いに喜べ。
娘エルサレムよ、歓呼せよ。
見よ、お前の王がお前の所に来られる。

その方は正しく、救いをもたらし、
柔和で、ろばに乗って来られる。
雌《め》ろばの子、子ろばに乗って。（9・9）

預言者ゼカリヤの言葉をそのまま成就するかのように、イエスはエルサレムに入って行く。するとその姿を見た「多くの群衆が上着を道に敷き、中には木の枝を切って道に敷く者たちもいた」（21・8）とマタイ伝には記されている。

第十二章　魂の沈黙

エルサレムに到着するとイエスは、あたかも自分の家に帰るように神殿に向かった。そこで彼は突然、周囲を驚かすような行動に出る。

過越の祭りが近づき、神殿は遠方からの巡礼者で、さながら市場のようににぎわっている。その様子を見るとイエスは、力をもって、神殿で商いをしている人を追い出した。そればかりか彼は両替人の机や神への供物となる鳩を売る者たちの腰かけを倒すことさえした。先にも見た、福音書で唯一、暴力を振るうイエスが描かれている光景である。

温厚なイエスが腕力で自らの意思を表現したこの出来事は、イエスの没後に発生したいくつかの信仰共同体に共通の衝撃をもって認識された。この事件は、三つの共観福音書だけでなく、霊性を異にするヨハネ伝にも記されている。中でも、もっとも描写がなまなましいのはヨハネ伝である。そこでは次のように語られている。

さて、ユダヤ人の過越の祭りが近づいたので、イエスはエルサレムにお上りになった。イエスは神殿の境内で、牛、羊、鳩を売る者や両替屋が座っているのをご覧になると、縄で鞭を作り、牛や羊をことごとく境内から追い出し、両替屋の金をまき散らし、その台を倒して、鳩を売る者たちに仰せになった、「これらの物はここから運び出せ。わたしの父の家を商売の家にしてはならない」。（2・13〜16）

共観福音書にもイエスが暴れる姿は述べられている。だが、縄で作った鞭をふりまわす様子までは描き出されていない。神殿の境内には鳩だけでなく、牛も羊もいたということは、そこには動物の糞尿による臭気もただよっていただろう。

神殿に納める金銭は、ユダヤ人たちの通貨シェケル銀貨でなくてはならなかった。当時ユダヤ人たちはさまざまな場所に離散して暮らしていた。人々は神殿に異なる地域の通貨をもって集まる。両替人は手数料を取ってそれらをシェケル銀貨に交換する。彼らはしばしば法外な手数料を取った。特定の貨幣でなくては神殿に捧げることのできない以上、人々はそうした悪徳の下でも我慢するほかなかった。遠方から来た者は多大な心身の労力だけでなく、金銭的に大きな損失を被ることも少なくなかったのである。

さらにこの言葉には、なお次の一節が続く。「弟子たちは、「あなたの家を思う熱意が、わたしを食い尽くす」と書き記されているのを思い出した」（2・17）。しかし、家を思う熱意がどうして、自らを「食い尽くす」ことになるのか、本文を一見しただけでは不明瞭なのである。

神殿は神の家である。だが、そこを占領していたのは人間の欲望だった。イエスはそれをだまって見過ごすことができない。彼は神殿を埋め尽くす人間とその持ち物を追い出して、神だけが住まう場所にしようとする。

この出来事は聖書記者だけでなく、さまざまな画家の心を動かした。この場面を描く絵は少なくない。中でも十六世紀の画家エル・グレコは特別である。彼は晩年までこの場面をモチーフにしていくつもの作品を残した。そのうちの一枚をニューヨークにある美術館、フリック・コレクションで見たことがある。

赤い服を着て、青い布を巻いたイエスが、縄の鞭を振り上げている。その周りにはイエスの突然の「暴挙」に驚き、戸惑う人々の姿が描かれている。ここで描き出されているのもやはり祈りの場である神殿ではなく、ほとんど市場と化した空間である。そこには老若男女がいる。人々は神を讃美するために集っているのではない。自分たちの生活のために神殿を利用している。

この出来事は、これまでにもさまざまに解釈されてきた。神殿をのちの教会と理解し、教会が常に浄化されていなければならないことを示すとも考えられた。穏当な解釈で、エル・グレコの絵もそう思ってみると一応の納得がゆく。だが、数十年間にわたって同じモチーフを繰り返し描く、エル・グレコの執拗といってよい情熱はそれだけでは十分理解できないようにも感じられる。

優れた絵画はいわば多層な意味の織物である。ことにエル・グレコの作品はその典型だともいえる。彼は詩人が言葉で詩を謳うように色で詩を謳った。この画家にとって線と色は姿を変えたコトバだった。

その絵をじっと眺めていると人間の目では見ることのできない欲の動きをイエスの眼は鋭敏に察知しているようにも思われた。イエスの姿は人々だけでなく、とめどなく湧き出る我欲を追い払おうとしているようにも映る。また、神という不可視な存在が顕われるために、人間とその所有物という可視的なものを退かせようとしているようにも見えてくる。

*

神殿を教会の比喩として読むだけでは満足せず、この福音書の箇所をまったく異なった視座から読む人々がいる。中でも中世ドイツの神秘家マイスター・エックハルトが語った言葉は、他に類例を見ない鮮烈さをもって読む者の心を打つ。彼は、「神殿」とは人間の魂であるという。ある説教でエックハルトは、先のヨハネ伝の一節を引きながら次のように語った。

> 神がみずからに等しくかたどり創造した人間の魂こそがこの神殿である。天国においても地上においても、神が驚くべきしかたで創造したみごとな被造物すべてのうちでも、人間の魂ほど神に等しきものは何ひとつとしてない。だからこそ神はこの神殿を、神のほか何ひとつないように空にしておきたいと思うのである。（「魂という神殿について」、『エックハルト説教集』田島照久編訳）

旧約聖書創世記に、神は自らに似せて人間を造ったと記されている。その言葉をエックハルトは、肉体の次元ではなく魂の次元でとらえている。人間の肉体が神に似ているのではない。神は肉体のように滅んだりしない。魂こそが人間に宿っている神の似姿だというのである。

魂も被造物である。だが、造られたものの中でこれほど神に類似したものはない。魂の真実の姿は、神以外の何ものにも似ていない。魂は個々の人間が固有の存在であることの証しであり、すべての人間がつながることができる場でもある。同時にそこは、人間に守ることを託された神の住処《すみか》でもある。人はその場所を常に、いつ帰ってくるか分からない「主」のために空けておかなくてはならない。

「マイスター」は偉大なる師を意味する言葉で、この呼称からもエックハルトが、一群の人々に、ある強い崇敬をもって迎えられていたことが分かる。エックハルトは生没年もはっきりしていないが、一二六〇年ごろから一三二八年ごろまで生きたと考えられている。ドイツの中部ホーホハイムという都市の高貴な家に生まれたと伝えられる彼は、カトリック教会ドミニコ修道会の司祭で神学者として、また宗教者として時代に大きな影響を与えた。中世のドイツ神秘思想は、この人物の出現によって、一段の深化を遂げ、普遍に向かって変貌し、神秘哲学となる。哲学は特定の信仰をもたない者にもその門を開く。彼に続いたゾイゼ、タウラーはエックハルトの霊性を直接的に継承している。タウラーの思想は宗教改革の中核的人物となるルターに少なからず流れ込んでいる。

神秘主義者と神秘家は違う。神秘の周辺を語ることに終始する者を神秘主義者と呼ぶとすれば、神秘家は神秘の働きを感じながら生きる者を指す。彼らは語ることによってすべてを表現しようとしたりしない。神殿でのイエスのように、ときに営為こそが彼らにとってのコトバだった。「神秘」とは文字通り「神」の「秘密」である。それは特定の人間が作った、その人を何ものかに見せるための虚偽の「秘密」ではない。

神秘哲学とは、私たちが日ごろ「神」と語ることによって指し示している像の奥にある何ものかに、直にふれようとする試みである。それは語られることによって明らかになるものではなく、生きることによってのみ照らされる。神秘家の語るコトバの表層的な表現に目を奪われるとき、私たちは彼らの見ている世界の実相から遠ざかる。イエスが人間の歴史の中でも傑出した神秘家だったことはいうまでもない。彼は自分の名を語る神秘主義者が顕われることに警告すらしている。

「見なさい、メシアはここにいる」「見なさい、あそこにいる」とあなた方に言う者があっても、それを信じてはならない。偽メシアたち、または、偽預言者たちが現れ、徴や不思議なことを行って、できれば、選ばれた人たちを惑わそうとするであろう。だから、気をつけなさい。わたしはこれら一切のことを、あなた方に前もって言っておく。（「マルコ伝」13・21〜23）

不可思議な徴や出来事は必ずしも本当の「神秘」ではない。それらが起こるに至る根柢をなしている働きに比べれば、「奇跡」も過ぎゆく現象に過ぎない。真実のメシアは朽ちることのないものを伝え、この世界にもたらす。先の発言に続けてイエスはこう語った。「天地は過ぎ去る。しかし、わたしの言葉は過ぎ去ることはない」（13・31）。

たとえ、この世界が消え失せることがあったとしても、イエスのコトバはけっして無くなることはないというのである。不朽なるものはコトバであるとイエスは、最晩年においても、倦まずに語った。

時代を真に改革する者は、それゆえに周囲からの誹謗、中傷、嫉妬を受け、晩年は異端の嫌疑をかけられる。しばしば同時代の権威から恐れられ、異端者の烙印《らくいん》を押される。イエスがそうであり、エックハルトも例外ではなかった。教会に異端を宣告されるとは、精神の国籍を奪われるに等しかった。それはエックハルトの没後まで続き、彼は死んでから教会によって、その言説の一部に異端性があると断じられる。

＊

だが、時の権力が封じ込めようとしたエックハルトの影響は時代と場所を超え、現代にも及んでいる。鈴木大拙はしばしばエックハルトに言及し、宗派を架橋する人物としてきわめて高く評価していた。彼の弟子でもあった柳《やなぎ》宗悦《むねよし》はひたすらに宗教哲学の論考を書いていたころ、しばしばエックハルトにふれた。柳にとってもエックハルトは精神界の英雄だった。大拙、柳の影響下に新しい道を開こうとした井筒俊彦は、若き日の主著『神秘哲学』でエックハルトに言及し、異端と断じられた思想の中に神秘哲学の根源へとつながる窓を見た。

海外でもエックハルトの影響は根深い。大拙とも交流があったユングはエックハルトを評して「自由な精神の木に咲く最も美しき花」だと語った。また、井筒がもっとも敬愛した学者の一人ルイ・マシニョンにとってもエックハルトは魂の革命を試みた先駆者だった。

マシニョンはカトリックで、晩年メルキト派の司祭になった敬虔な信仰者だが、研究者としてイスラーム神秘主義の源流となるハッラージュを現代によみがえらせた碩学だった。彼は狭義の宗教を超えた高次の交わりの可能性をエックハルトの言葉に探った。柳は別にして、大拙、井筒、ユング、マシニョンの四人には共通点がある。彼らは皆、エラノス会議の参加者だった。

　エラノスは、ユングと先章でふれたルドルフ・オットーによって牽引された賢者の集いである。「エラノス」と名付けたのはオットーである。宗教学者ミルチャ・エリアーデ、ユダヤ神秘思想研究のゲルショム・ショーレム、イスラーム哲学のアンリ・コルバン、生物学のアドルフ・ポルトマンなど、芸術を含むさまざまな分野から時代を牽引する知性が集結した。エラノスは単なる学術会議ではないという自覚から、参加者は「会議」とは呼ばず、単に「エラノス」と呼称する。そうすることで彼らはそれが行われる空間と時間もまた、生ける何ものかであることを表現しようとした。

　人間が会議を開催しているのではなく、「エラノス」が人間を呼ぶのだ、と彼らは感じていた。エラノスは分断された東西の霊性の交わりを回復しようとする試みだった。また、可視なものの世界の奥に不可視な世界があることを叡知の言葉によって示そうとした挑戦だった。肉体があって魂があるのではなく、魂が肉体をあらしめる、とはエラノス精神の根柢をなしていた。

同質の関係は万物にいえる。物の存在は、計量可能な質量として存在しているだけでなく、物をあらしめている見ることのできない働きの実在を示している。エラノスの歴史の中で大きな影響を与えた人物にエックハルトの哲学が受容されているのはじつに意味深い。イエスの生涯とエラノスに何の関係があるのか、と訝る者もいるかもしれない。エラノスは、衝突を繰り返す個々の宗教が、霊性の地平において豊かな交わりを実現する可能性を模索した営みでもあった。

誤解を恐れずにいえば、現代においてはすでに狭義のキリスト教精神だけでは福音書を十分に読み解くことができなくなっているのかもしれないのである。イエスの生涯を記した文字を、真に浮かび上がらせるには、キリスト教とは異なる霊性の光が不可欠なように感じられる。なぜイエスが、神殿から商人を締め出したのかを、もっとも鮮明に語り得た人物が、ある時期、教会から異端者だと断ぜられたことを私たちは忘れてはならない。

先の一節に続けてエックハルトは、「商人」とはどんな人物かをめぐって次のように語った。

聞きなさい、次のような人々は皆商人である。重い罪を犯さないように身を慎み、善人になろうと願い、神の栄光のために、たとえば断食、不眠、祈り、そのほかどんなことであっても善きわざならなんでもなす人々。

このような行為とひきかえに気に入るものを主が与えてくれるであろうとか、その代償に彼らの気に入ることをしてくれるはずだと考えているかぎり、これらの人々はすべて皆商人である。（「魂という神殿について」）

この言葉は説教の一部である。そこに居合わせた人々は少なからず驚いたに違いない。彼らはこの話を聞く直前まで祈っていた。より精確にいえば、自分は祈っていると信じていた。そうした人々を前にしてエックハルトは、たとえ、善き行いであったとしても、それと引き換えに神に何らかの義務を課そうとする者は、誰もが「商人」であり、神殿から追放されるというのである。神は神の意思によって恩寵をもたらす。神は人間によって用いられる存在ではないことをエックハルトは強調する。

ここで本章の冒頭に引いたヨハネ伝の一節を思い出していただきたい。「これらの物はここから運び出せ。わたしの父の家を商売の家にしてはならない」とイエスが人々に向かって語ったのを聞いた弟子たちは、ほとんど反射的に「あなたの家を思う熱意がわたしを食い尽く」すという詩編（69・10）の一節を思い出していた。

願いと祈りを分けてみる。何かを期待して行う営みを願いだとする。願いとは、いわば魂という神殿に居座る両替人であり、商人だとエックハルトは考える。熱心に願えば願うほど、魂は喧騒《けんそう》にまみれ、輝きを失って行く。魂に願いの声が鳴り響く。そのとき、真の主人である神は沈黙する。願いが祈りの顕現をさまたげる。

魂が願いで充満しているとき、祈りは起こらない。祈りとは、まず人間が魂の次元での沈黙を実現することであり、人が神のコトバを聞くことである。人間の熱意が、顕われ出ようとする神のコトバを打ち消してしまう。また、真に祈るとき、魂は独りでなくてはならない。エックハルトはこう語った。以下の文中にある「イエス」は、ナザレのイエスではない。復活のイエスである。

> イエスのほかだれかが神殿のうちで、すなわち魂のうちで語ろうとするならば、イエスはわが家にいないかのように沈黙する。〔中略〕イエスが魂の内で語るのをもとめるならば、魂はひとりでいなくてはならないし、イエスが語るのを魂が聞きたいと思うならば、魂はみずから沈黙しなければならない。（「魂という神殿について」）

多くの人々の中にあっても独りでなくてはならない。独りとは誰とも、自分とすら言葉を交わさない状態をいう。人が自分の声を聞いている間は彼方からの呼びかけには気がつかない。

同じ説教の中でエックハルトは、イエスが神殿から物を運び出すように、「わたしの父の家を商売の家にしてはならない」と話す、その様子にも言及する。説教でエックハルトは、あたかも神殿でのイエスを見たかのように語った。

そこで述べられていることも従来の聖書理解とは大きく異なるものだった。神殿で商人を追い払うイエスを描く画家たちの絵を見ても、そこで表現されているのは、やはり、熱を帯びた烈しさである。力を用い、火花を散らすかのようなイエスに画家たちは強く衝撃を受けたのだろう。だがエックハルトの理解は違う。

このときイエスは、「激しく叱責もせず、まるで「このようなものは確かに悪いものとはいえないが、ただ純粋な真理にとってはさまたげとなる」とでもさとしたげに」、また、「実に優しく語った」のだとエックハルトは言う。さらに、「商人」を強く批判しながらその一方で彼は、神殿にいた人々は「すべて善き人々であり、彼らのわざをただ神のためにだけなし、自分のものを少しもその内に求めることのない人々」だとも語る。

世に存在するほとんどはいわば神の商人である。神との取引を願っている。商人は神殿にいることはできない。人間に促されているのは願うことではなく、祈りである。祈りとは何かを獲得しようとすることではなく、どこまでも受容することである。祈りとは、自らの胸を開き、魂に射し込む光の窓と化すことでもある。さらにいえば、徹頭徹尾復活のイエスの声を聞くことである。

願うことを止めさえすれば、魂は自ずと輝き始める。魂の光は外からではなく内から放たれていることに気が付く。魂の光をめぐってエックハルトは人々にこう語った。

もしこの神殿がすべての障害から、つまり自我性と無知とから自由になるならば、この神殿は、造られざる神ただひとりのほかは何ものも同じ輝きをもって出会うことのできないほどに、神の創造したすべてのものを超えて、そのすべてを貫き、美しく輝き、純粋にして透明な光を放つのである。真実のところこの神殿に等しいものはただひとり造られざる神のほかにはない。天使たちより下位にあるもので、この神殿に比べられるものは何もない。最高の天使でさえも、高貴な魂というこの神殿に、ある程度は等しいが、しかし決して完全に等しいわけではない。（「魂という神殿について」）

魂が真に純粋な姿を取り戻すとき、その姿に比べれば天使すらかすんで見えるとエックハルトは語った。われわれが無になればなるほど、神が来て、その場所を満たすというのである。

＊

神殿の出来事を描き出す共観福音書ではいずれも、イエスは旧約聖書イザヤ書のある一節を語りながら人々に警鐘を鳴らしている。最古の福音書マルコ伝ではイエスは次のように語ったとされている。

「わたしの家はすべての民族のための祈りの家と呼ばれる」と書き記されているではないか。ところが、あなた方はそれを強盗の巣にしてしまった。（11・17）

ここでイエスは、神殿がユダヤ人たちだけの場所ではなく、「すべての民族のための祈りの家」だと宣言する。別な言い方をすれば、「すべての民族のための祈りの家」の存在が、すべての民族がつながりを取り戻し得ることを暗示している。

だが、この記述も、続くマタイ伝、ルカ伝になると少し異なってくる。そこでは「すべての民族」という記述は消え、「わたしの家は祈りの家と呼ばれる」（「マタイ伝」21・13）、「わたしの家は祈りの家でなければならない」（「ルカ伝」19・46）とだけ記されている。

イザヤ書の原文はこうである。

まことに、わたしの家は、
すべての民にとって祈りの家と呼ばれる。（56・7）

ユダヤ教の聖典であるイザヤ書で語られている「民」は、ユダヤ民族である。だが、マルコ伝で描かれているイエスの口から同じ言葉が語られるとき、「民」はすでに一民族に限定されない。文字通り万人を指す。すべての者に平等に門は開かれている。イエスは、ユダヤ人に虐げられていたサマリア人たちにも近く接した。イエスの宣教とは、いかにして民族間の隔たりをなくし、いわれなき差別を根絶するかにあった。イエスはいつも、被差別者だった病者や娼婦の傍らにあった。マルコ伝によれば、復活後のイエスが最初に顕われたのが、かつて娼婦だったマグダラのマリアの前だったこともそのことをはっきりと物語っている。

マタイ伝とルカ伝が閉鎖的だというのではない。問題は今日に生きる私たちにある。イエスは祈りの重要性を伝えようとしているだけではない。民族間の衝突というきわめて現実的な問題に言及している。

祈りとは単に個の願望を神に訴えることではないだろう。むしろ、祈りとは自己を掘る営みではなく、静かに自己を他者に向かって開いてゆく営為だというのだろう。

その後もイエスは日ごと神殿に出向いた。イエスの存在はユダヤ教の祭司、律法学者、長老たちにとって日増しに脅威へと変わって行った。するとさまざまな権力者がイエスを質問攻めにする。

ある日、復活を認めないサドカイ派の人々が死者をめぐってイエスに尋ねる。伴侶に先立たれ、その後誰かと再び結婚した場合、死後の関係はどうなるのかというのである。するとイエスはこう答えた。

あなた方は、聖書も神の力も知らないから、そんな考え違いをしているのではないか。死者の中から復活する時は、娶ることも、嫁ぐこともなく、天の使いたちのようになる。（「マルコ伝」12・24〜25）

逝った者はもう、この世のように結婚はしない。しかし、それは別離を意味しない。それよりもいっそう深く結び付くからである。天使は人間にとって神へと通じる窓である。死者にも同じ役割があるというのである。しかしなぜか今日では、イエスに帰依したはずのキリスト者から同じ言葉を聞くのが稀になっているように思われる。

第十三章　使徒の裏切り

ある日イエスは、自らの死後、必ず迫害が起こる、と弟子たちに話し始める。自分の弟子であることが原因で法廷に引きずり出され、ある者は殺されると語った。マルコ伝では、このときの様子がこう述べられている。

> 人々はあなた方を地方法院に引き渡すであろう。あなた方は会堂で打たれ、また、わたしのことで、総督や王たちの前に立たされるであろう。〔中略〕あなた方は引き渡され、連れていかれるとき、何を言おうかと前もって心配することはない。ただその時、あなた方に示されることを語ればよい。語るのはあなた方自身ではなく、聖霊である。（13・9〜11）

この一節は、「迫害の預言」として知られる。類する言葉は、マタイ伝、ルカ伝にもある。だが、そこに記されているのは迫害の予告だけで、試練にある弟子たちに随伴する聖霊の働きにはふれられていない。

福音書としての成立は、マルコ伝がもっとも古く、マタイ、ルカと続く。時代的にはあとでできたマタイ伝とルカ伝に、先行するマルコ伝にある言葉がない。その差異には、聖書記者たち、あるいはその信仰共同体の意思が反映されていると考えるべきだろう。

十字架上で処刑されるイエスの最期を知っている私たちは、この一節を読むとき、師と同様に弟子たちにも到来する迫害という事柄に目を奪われがちだ。しかし、イエスの真意は別のところにあったことを、マルコ伝は強く訴えているように思われる。

自らの死が不可避の出来事であると語ったように、弟子たちへの迫害もまた、避けることができないとイエスは明言する。しかし同時にイエスは、どんなときも自分は弟子たちと共にいると語ったのだった。

死ののち自分は聖霊を遣わす。そのことによって働きは、肉体をもっていたときよりもいっそう近くに寄り添うことを伝えようとしている。だが、このとき、聖霊が何を意味しているのかを弟子たちはまだ知らない。それはイエスの死後、聖霊降臨の時節を待たねばならない。

四つの福音書を並行して読んでみると、イエスが弟子たちに来るべき迫害を語ったのははじめてではないことに気が付く。マタイ伝にある「山上の説教」の終わりでも、イエスは来るべき迫害にふれている。

> わたしのために人々があなた方をののしり、迫害し、またありとあらゆる、いわれのない悪口《あっこう》をあなた方に浴びせるとき、あなた方は幸いである。喜び躍《おど》れ。天におけるあなた方の報いは大きいからである。あなた方より前の預言者たちも、同じように迫害されたのである。（5・11～12）

ここでは聖霊の存在には言及されていない。だが、人が試練にあるときにはいつも、聖霊がそばにいると考えるとき、「あなた方は幸いである」との意味は、いっそうはっきりと浮かび上がってくる。言葉では語られることのない臨在の約束を背後にするときはじめて、「喜び躍れ」との真意がまざまざと感じられてくる。

＊

先の「山上の説教」の一節に「前の預言者たちも」同様に迫害された、と語られていた。複数で語られているのを見ると、イエスはこのとき幾人もの預言者を想起していたのだろう。預言者たちの多くは真実を語るがゆえに恐れられ、迫害された。紀元前七世紀から前六世紀にかけての時期に生きたエレミヤもその一人である。あるとき、神殿警備の長を務めていた祭司パシュフルはエレミヤを捕らえて、鞭で打つ。それに留まらず、門に枷《かせ》でつないでさらしものにした。エレミヤが言い放った言葉が、祭司の逆鱗《げきりん》にふれたのである。エレミヤは、神殿の庭に立ち、「イスラエルの神、万軍の主はこう仰せになる」（「エレミヤ書」19・15）と大きな声で語り、続いて人々に向かってこう言ったのだった。

　見よ、わたしはこの町とその周りのすべての町に、わたしが告げたすべての災いをもたらす。彼らがわたしの言葉を聞こうとはせず、頑なになったからだ。

祭司は、エレミヤの語る「わたし」が、誰であるのかを理解できない。預言者が人々の前で語るとき、「わたし」は常に「神」を意味することを彼は信じることができなかった。むしろ、祭司にとってエレミヤは、狂った瀆神の徒に映った。迫害されたあとエレミヤは、独り、神に向かって次のように語りかける。

　主よ、あなたがわたしをそそのかし、
わたしはそそのかされました。

あなたはわたしを捕まえられました。
あなたの勝ちです。
わたしは一日じゅう、笑いものにされ、
人はみな、わたしをあざけります。（「エレミヤ書」20・7）

預言者はコトバによって深く神と結びつく。神に向かってコトバを口にすることで預言者は無尽の慰めを得ている。エレミヤにとって神は、絶対服従すべき他者でありながら、どこまでも信頼を寄せる対話者であることをこの一節は示している。

　このあともエレミヤは神に不平を訴え続けるのだが、あるところからそのコトバが転調する。エレミヤは迫害のときも一時たりとも傍らを離れなかった神に感謝を告げ始める。

しかし、主は恐るべき勇士として、
　わたしとともにおられます。
ですから、わたしを迫害する者はつまずき、
勝つことはできません。
　成功することなく、
彼らははなはだしく恥をかきます。

その恥辱はとこしえに
　忘れ去られることがありません。
万軍の主よ、あなたは正しい人を試み、
人の腹と心を見抜かれます。(20・11～12)

　このときエレミヤも、「聖霊」という表現は用いていない。しかし、彼が語っているのは彼に寄り添う無形の神の働きである。人間としてのエレミヤは弱い、しかし、不可視な守護者である神と共にある預言者エレミヤは「勇士」である。勇士とは正義を体現する者にほかならない。勇士を迫害する者は、その行いによって自らを辱めることになる。私たちは、ここで描かれているエレミヤと共鳴する人間の変貌を、イエスが死んだあとの弟子たちに見る。使徒言行録には、聖霊によって勇士となってゆく弟子たちの姿が刻まれている。

＊

　エルサレムに入城してからのイエスは、幾度となく自らの死が近いことを語り、さらに世の終わりに自らが再臨することにまで言及する。このときイエスが、まず口にしたのは偽メシアや偽預言者の出現だった。彼らは「大きな徴や不思議なことを行い、できれば、選ばれた人たちをも惑わそうとする」（「マタイ伝」24・24）。

ここでイエスは、目に見える異常現象ならば、偽善者にも行い得ることを改めて示す。イエスは奇跡を否定しない。しかし、それだけをもって神の業の顕現であるとはいわない。だが、けっして徴に欺かれてはならない、と言明する。

偽メシアや偽預言者は、自分だけが「神」の再臨の時期を知るという。自分が、「神」の到来を告げる者だと語る。だが、イエスが弟子たちに告げたのは、まったく逆のことだった。再臨のときは、誰の目にも疑いがないことをイエスは次のような表現をもって明らかに示す。

太陽は暗くなり、
月は光を失い、
星は天から落ち、
天のもろもろの力は揺れ動く。

その時、人の子の徴が天に現れる。するとその時、地上のすべての民族は悲しみ、人の子が大いなる力と栄光を帯びて、天の雲に乗って来るのを見る。人の子は大いなるラッパの響きを合図に、み使いたちを遣わす。そして、み使いたちは、四方から、

すなわち天の果てから果てまで選ばれた人々を集める。(「マタイ伝」24・29〜31)

このマタイ伝の記述は、言語の層においては、何かの比喩に映る。しかし、コトバの層においては、なまなましいまでの現実の活写となる。

再臨は、キリスト者だけでなく、万人に向かって開かれている。キリストの再臨は、キリスト教徒以外の誰にも等しく働きかける。再臨するときキリストは、マルコ伝にあるコトバを再び口にするのかもしれない。「わたしが来たのは、正しい人を招くためではなく、罪人を招くためである」(2・17)。

再臨とは、「宇宙の完成」の時節である、そう言ったのは内村鑑三である。再臨信仰を別にして内村の信仰を語ることはできない。キリスト者としての彼の信仰は再臨信仰によって育まれ、収斂してゆく。妻の死、娘の死といった耐えがたい出来事をその生に積み重ねながら、次第に再臨の秘義を明らめていったのだった。彼にとって再臨信仰とは、キリスト顕現の原義に帰ることだった。

一九一八年一月、五十七歳の彼は再臨信仰の意義を世に広く語り始める。苛烈なまでの運動に高まった内村の再臨信仰は、ある人々には常軌を逸したかに思われた。ある人物は、先に見たマタイ伝にあった再臨を信じることは愚かだとすら言った。同年の六月に書かれた「ホ エルホメノス(かの、来たりつつある者)」(『内村鑑三信仰著作全集』第十三巻）と題する小文の冒頭で内村は、再臨とはやがて来る出来事ではなく、今ここにキリストを見出すことであると語った。

> キリストは預言者らの待ち望みしホ　エルホメノスである〔中略〕。彼はすでに一たび来たりたもうた。彼は再び来たりたもう。彼は聖霊によりて今すでに信者の内に宿りたもう。そうして終末の日において、その栄光体をもって現然に地上に現われたもう。ゆえに言う、「今しばらくありて、来たる者（ホ　エルホメノス）来たらん」〔中略〕と。来たりつつある者来たらんとの意である。

「来たりつつある者」とは再臨のイエス、再臨のキリストである。再臨とは、未来の出来事ではなく、今、ここの現実であると内村はいう。日本における宗教哲学の草分けとなった波多野精一《はたのせいいち》は、「将来」と「未来」を峻別《しゅんべつ》した。「将来」とは、将に来たりつつあることであり、「未来」とは、未だ、あるいは永遠に来ることのない事象を指すという。波多野もキリスト者だった。彼もまた、まさに「来たりつつある者」を傍らに感じながらその哲学を営んだ。内村にとっても再臨とは、常に緊迫した今である、「将来」の出来事だった。

さらに内村は、再臨には「外的再臨」と「内的再臨」の二つの側面があると語る。外的とは外界における再臨の到来、内的とは個々の人間における内なるキリストの宿りであり、よみがえりである。同時に、内村にとって内的再臨とは、内にある、不死なるものを認識することだった。内的再臨のもっとも顕著な出来事として内村は、パウロが「ローマの人々への手紙」で語った次の一節を引いている。

> イエスを死者の中から復活させた方の霊が、あなた方のうちに宿っているなら、キリストを死者のうちから復活させた方は、あなた方のうちにおられるその霊によって、あなた方の死ぬべき体をも生かしてくださるのです。（8・11）

内的再臨は、個々の死を経ることによって、いっそう確かになる、というのだろう。再臨が内村のいうように、キリスト者だけの出来事ではないなら、その来るべき顕現を、まったく別なかたちで感じていた人々がキリスト教の外にいたとしても不思議ではない。

＊

日本人である私たちは、字義通りではないとしても、先にマタイ伝に見た再臨の様子と同様の光景が、自分たちの文化の中にもあったことを想い出しはしないだろうか。浄土仏教で、伝統的に描かれて来た来迎図《らいごうず》である。殊に、イエスの再臨は法然にゆかりのある知恩院にある「阿弥陀《あみだ》二十五菩薩《ぼさつ》来迎図」を想起せずにはいられない。「阿弥陀二十五菩薩来迎図」は題名の通り、阿弥陀仏を中心に二十五の菩薩が随行し、死にゆく者のもとを訪れるところを描き出した仏画である。「天の雲に乗って来るのを見る。

『阿弥陀二十五菩薩来迎図』（13～14世紀）
所蔵：知恩院，写真提供：京都国立博物館

人の子は大いなるラッパの響きを合図に、み使いたちを遣わす」とのマタイ伝の記述に符合するように画の中の菩薩たちは、手にそれぞれ楽器をもって顕われる。その荘厳さはマタイ伝に劣らない。阿弥陀と二十五の菩薩が、個々の人間の死において、それぞれ訪れるという信仰も、内村のいう内的再臨と呼応する。

来迎図を比喩的表現に過ぎないと理解することは容易だ。だが、来迎への信仰は今も生きている。明治・大正期の浄土教の改革者でもあった山崎弁栄《やまざきべんねい》（一八五九〜一九二〇）は、その象徴的存在である。弁栄は、内村の同時代人である。弁栄は、数学者岡 潔《おかきよし》が帰依したことでも知られる光明主義という一宗を樹てた人物でもある。

彼は書画に長けていて、何度となく自ら来迎図を描いた。また、日本全国を行脚し、その秘義を伝えた。それだけでなく、来迎に象徴される阿弥陀の臨在が現実の出来事であることを精緻な仏教哲学をもって語った。弁栄にとって阿弥陀仏は内村がキリストにおいて語ったように、文字通りの意味で「再臨」するものだった。

もっと現代に近い思想家である柳宗悦もまた、来迎図に隠された意味を発見した一人だった。主著の一つ『南無阿弥陀仏』で柳は来迎図にふれ、次のように述べている。

> ある人は、視覚的の故に、その思想の稚拙を嗤うかも知れぬ。来迎の図絵を悦ぶが如きは、畢竟現世的な悦びを超えぬとさげすむかも知れぬ。しかし批評は正しいとし

ても、活々《いきいき》とした一つの幻像をすら持つことの出来ぬ吾々の貧しさを省みてよくはないか。来迎の図相こそはむしろ宗教的情緒の生んだ素晴らしい創作だといってよい。

この柳の言葉は、近代仏教にだけ向けられているのではない。宗教界全体への警句として読むべきだろう。弁栄も柳も来迎図に、言語を超えたコトバを感じ、「読んで」いる。消え去ることのないコトバの顕われを見ている。

＊

エルサレムから少し離れたベタニアの地でイエスは、シモンという男の家にいた。この人物はかつて重い皮膚病を患っていたがイエスによって癒やされたのだった。この家でイエスは弟子たちと食卓を囲んでいた。すると突然ある女性が、高価な香油をイエスの頭上から注いだ。女性にとって香油は自分が表現し得るもっとも高い畏敬の象徴だった。

だが、傍観していた弟子たちはそれを理解できない。何人かの弟子たちはどうしてこんな浪費をするのかと、女性をとがめた。売れば多くの貧しい人々を助けることができると弟子たちは考えたのだった。

それを聞いたイエスは逆に、弟子たちに向かって、この女性は善きことをした、彼女が望むままにさせておくようにとたしなめるのだった。イエスは、弟子たちの思いも分かっている。その一方でイエスは彼らに、香油の塗布という出来事は日常世界とはまったく別な次元で生起していることを伝えようとする。

　貧しい人々はいつもあなた方と共にいるではないか、とイエスは弟子たちに言う。さらに弟子たちが望みさえすれば、いつでも、貧しい人々を助けることができるではないかと語った。そしてこう言葉を続けた。

> しかし、わたしはいつもあなた方とともにいるわけではない。この人はできる限りのことをしたのだ。埋葬に備えて、あらかじめわたしの体に油を注いだのだ。あなた方によく言っておく。世界じゅうどこでも、福音の宣べ伝えられる所では、この人の行ったこともまた、その記念として語られるであろう。（「マルコ伝」14・7〜9）

　弟子たちの目には、香油を注ぐことは儀礼的なことに過ぎないと映った。だが、イエスには、どこまでも霊的な出来事だった。この一節が示しているのは師弟間の齟齬《そご》だけではない。弟子たちが、迫りくる師の死を真剣にはとらえていないことを示している。自分はもうすぐ弟子たちのもとを去る、そう何度イエスが語っても弟子たちには、何か別なことを婉曲的に語っているように思われたのだった。

新約聖書には明確に描かれない登場人物がたくさんいる。ここで「貧しき人々」と記されている一群の随行者もそうした人々である。どこであっても、イエスが動くところには、助けを必要としている人々がいた。彼らもまた、イエスと身近に接した人々だった。だが、彼らはそうした経験を書き記すこともなく、また、人前でそれを語ることもない。彼らの眼には弟子たちとはまったく異なるイエスの姿が映っていたのではないだろうか。彼らの中には、十二人の弟子たち以上にイエスが神の子であることをはっきりと感じていた者もいたのではなかったか。なぜなら、助けを必要とする者は、そこに手を差し伸べてくれる者から眼を離すことはないからである。今日聖書を読む私たちは、心のどこかで、そうした隠れた登場人物に深い共感を寄せているのではないだろうか。

*

マタイ伝とマルコ伝では、ベタニアでイエスが訪れたのはシモンの家になっているが、ヨハネ伝では違う。場所は同じだが、ラザロの家になっている。第十章で「金持ちとラザロ」の話を紹介したが、彼もまたイエスの奇跡の証人だった。彼はひとたび死に、そしてよみがえったのだった。

ラザロには姉妹がいた。マルタとマリアである。この家をイエスが訪れるとマルタは奥で給仕をし、ラザロはイエスと食卓を囲んだ。そしてマリアがイエスの足に香油を塗り、自らの髪の毛でその足を拭いた、と書かれている。香油は「非常に高価な純粋のナルドの香油」で、マリアが持参したのは一リットル、マリアがイエスに塗布すると香りは家いっぱいに広がったと記されている。

ほかの三つの福音書に比べても、ヨハネ伝での香油の塗布をめぐる記述は、詳細かつ細微にわたっている。そこに象徴的意味を読むこともできるだろう。だが、何よりも、そこに続く一節との対比のためではないかと思われる。やはりここでもイエスに香油を注いだマリアを厳しくとがめる弟子の姿が描き出されている。「弟子の一人で、イエスを裏切ることになるイスカリオテのユダが言った、「なぜ、この香油を三百デナリオンで売って、貧しい人々に施さなかったのか」」(12・4〜5)。

マタイ、マルコでは複数の弟子だったはずが、ヨハネ伝はユダ一人が、香油の塗布に反対したことになっている。そればかりか、ヨハネ伝では、ユダが反対した理由は、貧しい人々のことを心にかけていたからではなく、財布を任されていた彼が、不正を働いていたからだというのである。

イスカリオテのユダは、最後にイエスを、彼の命を狙っていた祭司たちに売り渡す男である。キリスト教の歴史の中でユダは裏切り者であり、堕落した人間の代名詞でもあった。それは今も続いている。

だが、ユダもまた、たった十二人しかいないイエスの弟子の一人であり、イエスは、ユダの裏切りを知り、それが行われることを明言してもいた。ユダに「しようとしていることを、今すぐしなさい」と言ったのはイエスである。ユダは、本当に救われることのないひたすらな悪なのか。

この問題をもっとも真摯な情熱を傾けて考えたのは二十世紀最高の神学者の一人であるカール・バルトだった。彼はトマス・アクィナスの『神学大全』を思わせる大部の主著である『教会教義学』で、ユダの救済をめぐってこう述べている。「イエスの「きわみまでの愛」は実にこのユダには到達しない、ということがありうるだろうか」（『イスカリオテのユダ――神の恵みの選び』川名勇編訳）。イエスの救いの業があまねく行われるのであれば、どうしてユダに届かないはずがあろうか、とバルトは私たちに問いかける。

さらにバルトは、新約聖書には「十二人〔の弟子〕の一人のユダ」という表現が頻出することに注目する。彼はユダがイエスによって選ばれた弟子であることの意味から眼を離さない。イエスの死の責任をすべてユダの裏切りに背負わせるような視座は、イエスの生涯に秘められたコトバの深秘――表層の意味の奥に隠された意味の深み――を見過ごすことになるというのである。次の一節はユダを見つめるバルトのまなざしを明確に表している。

イスカリオテのユダも弟子であり使徒であることは疑いない事実であり、ペテロやヨハネと全く同じように、召命、任命、派遣に与かって来た者である。いや同じどころか彼がイエスと共に、ダビデの支族であるユダ族に属しているということは、ほかの弟子たちと比べて彼独特な点である。十二人の名前が数えられる場合は必ず、彼の名前も最後にはっきり挙げられている。（『イスカリオテのユダ』）

一番弟子であるペトロ、そしていつも近くにいることを許されたヨハネと同じく、ユダもまた、等しくイエスに愛され、また、彼に用いられたのだった。

次に引くのはマルコ伝で述べられている、十二使徒が選ばれ、常ならない力を付与される場面である。「イエスは十二人を選び、使徒とお呼びになった。それは、この十二人がご自分とともにいるためであり、また悪霊を追い出す権能を授けて宣教に遣わすためであった」（3・14〜15）。

イエスがしばしば奇跡を行ったように、弟子たちにも、その力は与えられていた。ユダも例外ではなかったのである。

第十四章　最後の晩餐

ヨハネ伝には、エルサレム郊外のベタニアで、マリアがイエスの足にナルドの香油を塗ったのは過越の祭りの六日前だった、と記されている。ナルドは、和名を「甘松香《かんしょうこう》」という薬用植物である。今日もアロマセラピーに用いる精油として流通していて、そこでは「スパイクナード」と呼ばれている。

イエスの時代にはまだ、蒸気などで芳香成分を抽出して精油を生成する技術が確立されていない。当時はオリーブ油などに植物をつけた「香油」が用いられた。甘松香はインド・ヒマラヤ地方が原産で、根の部分を使う。当時のエルサレムでは、きわめて稀少な、また高価な油だった。この油をマリアがどうやって手に入れたのかは、福音書には記されていない。しかし、彼女は、自身とその家族の日常生活に大きく影響するような代償を支払わなくてはならなかったはずである。

また当時すでに、インドの奥地、ヒマラヤ原産の植物が、ローマ帝国内の領土に入り、市井の人々の日常生活に近いところで用いられているという事実は、インドあるいは東洋のさまざまな文化が、ローマ帝国内に浸透していたことを示唆している。

人類が近代的な薬剤の開発に成功したのは二十世紀初頭である。それまで薬剤の中核的な部分を担っていたのは植物だった。鉱物、動物の成分が用いられることもあったが、質量の両面にわたって薬用植物が果たした役割とは比べるべくもない。

一世紀後半、ローマ軍の軍医だったペダニウス・ディオスコリデスによって、東洋西洋双方の薬草の働きが記された『薬物誌』が著される。この本は長く西洋医療の古典となる。ディオスコリデスはイエスの没後ほどない時期に生まれ、軍医としてさまざまな地に遠征した。紀元九〇年に亡くなっている。この本が生まれたのは福音書が書かれ始めるのとほぼ同時期だったと考えてよい。

「軍医」として彼は、さまざまな土地を転々とし、戦いで傷つき、疲労で健康を損なった兵士たちをその場所に自生する植物で癒やしていった。自分でも植物の新たな働きを見出したこともあっただろうが、彼の試みは、すでに行われていることを、でき得る限りの客観性をもって記述することだった。

ナルドの香油の存在が示しているように、紀元一世紀のローマ帝国時代にはすでに、医学、薬学的な文化の伝承は市井の人々の日常生活に浸透している。

古代において医学は、肉体の病を癒やす業であると共に、現代では想像もできないほど魂に接近した形而上的な営みだった。人間の肉体を診るということは同時に、魂にふれることであることを古代の医師たちは深く認識していた。ディオスコリデスはのちに、薬草における東西文化の懸け橋と呼ばれた人物だったが、こうした人物の出現は、架橋されていたのは医学だけではなく、哲学、宗教の文化もまた、この時代にすでに東西の交わりが始まっていたことを強く暗示している。

　のちにブッダと呼ばれるゴータマ・シッダールタが生まれたのは、紀元前五世紀とされている。イエスが生まれるまでのおよそ五百年の間に、何らかのかたちで仏教文化がイエスが生きたユダヤの地に逢着している可能性は十分にある。ブッダとイエス、それぞれの生涯、発言、教え、伝承に関するさまざまな文献に当たり、そのことを詳細に論じたのが古代インド哲学の世界的な碩学だった中村元《なかむらはじめ》である。

　ここでその論考を詳細に述べる紙幅をもたないが、中村はイエスが語る「愛」とブッダの「慈悲」、あるいはイエスが語る「真理」とブッダの語る「ダルマ（法・理法）」が強く共振することを、学問的に、しかし、従来の通説と衝突することも辞さないという覚悟をもって論じている。『インド思想とギリシア思想との交流』で中村はこう書いている。

> 仏伝とイエス伝との間には非常な類似が存する。またイランのザラトゥストラ〔ツァラトゥストラ〕の伝記との間にも不思議な一致が存する。新約の諸々の物語が仏教

やイランの宗教の影響であるかどうかは軽々しくは断定できない。しかしもしも両者の間に関連があったとすれば、仏教のほうがもとである。ともかく世界宗教の開祖が同じような伝説に包まれたということは、人間性が世界宗教の開祖をかかるものとして欲していることを示している。

　この一節を読むとき、中村が仏教に近い立場にいることを想起しつつ読んではならない。この論考で彼はキリスト教と仏教が同じ源流から生起している可能性を感じているのであって、どちらかに優劣をつけようとしているのではないからである。キリスト教と仏教の比較研究は今日でも盛んだが、その源流にまでさかのぼろうとする人は今もけっして多くはない。こうした発言は、今日でも仏教、キリスト教双方の研究者に、にわかには受け入れがたいと思われるのかもしれない。だが、薬用植物の伝播を見るだけでも、中村の発言がけっして見過ごすべきではない重要な指摘であることは分かる。同質の考察は建築、あるいは芸術の考察にも見ることができるだろう。

*

　イエスがエルサレムに入城したのはナルドの香油を塗布された翌日である。「最後の晩餐」と称されている除酵祭の食卓を弟子たちと囲むのはそれから五日後、その日のうちにイエスは逮捕され、翌日、十字架に架けられ殺される。共観福音書によると逝ったのは午後三時を過ぎたころだった。この期間の出来事をイエスの「受難」という。

どの出来事を「受難」としてとらえるかは、さまざまな見解があるし、あってよい。また、その認識は、一人の人の生涯においても一定ではないだろう。人生の深まりによって受難の意味にも変化が現れてくる。イエスのコトバにふれるとは、すなわち受難の経験を深化させることでもあるからだ。

第一章でふれたシュヴァイツァーにとって、イエスの生涯を考えるとはそのまま、受難に何を読みとるかということだった。彼が、自身のイエス論を『イエスの生涯――メシアと受難の秘密』と題したことは先に見た。

受難の意味を読みとろうとしたのは神学者や作家たちだけではない。フランスの画家ジョルジュ・ルオーのように連作を描き出すことで受難に秘められた意味を顕わそうとした者も、それを音律と音声で実現しようとし、『マタイ受難曲』を作ったバッハのような人物もいる。

こうして歴史上の事実を一見するだけでも、言語だけでイエスの受難を語り尽くすことができないことは明らかだ。むしろ、イエスの生涯はいつも言葉の彼方であるコトバの世界に私たちを導こうとする。ルオーの絵には特徴的な黒い線が記されている。それは図像であると共に彼にとってのコトバだった。バッハにとって旋律は、彼が聖書に見た出来事に、ただ一つ、彼が呼応することができるコトバだった。

　エルサレムに入城したあともイエスは、街中でまた、神殿の中でさえも、神の座を占拠してはばからない人々の言動を、ためらうことなく糾弾する。イエスが語る一つ一つの言葉は、それまで絶対の力となっていた祭司長や長老らの立場を打ち崩した。貧しき者、病める者、虐げられた者、希望を見失った者、多くの人々を引き連れながらイエスはどこからともなく現れ、次のような発言を繰り返した。

　エルサレム、エルサレム、預言者たちを殺し、自分に遣わされた人々を石で打ち殺す者よ。めん鳥が翼の下に雛を集めるように、わたしはいく度《たび》、あなたの子らを集めようとしたことであろう。しかし、あなた方はそれに応じようとしなかった。見よ。あなた方の家は荒れ果てたまま、残される。わたしは言っておく。あなた方が、「主の名によって来られる方に祝福があるように」と言う時まで、あなた方は決してわたしを見ることがない。（「マタイ伝」23・37〜39）

　このときの「わたし」とは、すでにナザレのイエスではない。「神」そのものである。「神」のコトバを受け、語る者は預言者である。これまで見てきたユダヤ教の預言者たちにとって「神」は、コトバをもたらす者であり、また、呼びかける対象だった。彼らは「神」からコトバを委託される者だが、自分を「神」だとは言わなかった。だが、このときイエスは「神」として語っている。彼にとって「神」は自らの外にある対象ではない。神と人とが合一する。神性は、イエスに「受肉」している。自身を「神」であると表明するよりも先に、「神」として語り出した男の声を人々は、どう受け止めたのだろう。彼が発する言葉を聞いた人々は、すでに言葉の姿を脱し、意味そのものと化し、聞く者の魂を燃え上がらせる炎のようなコトバを感じたのではなかったか。

　日々繰り返されるこうしたイエスの言葉に、身に覚えのある祭司たちは脅えながらも、同時に否みきることのできない律動をイエスのコトバに感じたのだった。コトバは、いつもそれによって満たされなくてはならない者の心をもっとも強く揺さぶる。

　しかし、祭司たちが悔い改めることはなかった。彼らは、回心しようとする前にイエスの殺害を計画する。マタイ伝には、その様子が次のように記されている。

> 祭司長や、民の長老たちは、カイアファという大祭司の官邸に集まり、策略を用いてイエスを捕らえ、殺そうと相談したが、彼らは、「祭りの間はいけない。民衆のうちに騒動が起こるかもしれない」と言っていた。（26・3～5）

彼らにはすでに天界の秩序は第一の問題ではなかった。自分たちの威厳が問題だった。この記述を見る限り、祭司長や長老は奇妙なくらいイエスを殺害することに畏れを感じていない。しかし、熱狂的にイエスを支持する民衆が暴動を起こすことをひどく恐れている。人間の欲望はしばしば、畏怖と恐怖を取り違えさせる。畏れとは、畏怖の対象でもあるが、真に畏敬するべき対象に対峙したときに起こる感情であり、衝動である。一方、恐れとは、何らかの危害を与える相手を前にしたときに感じる人間の本能である。畏れと恐れの差異をめぐって、イスラーム神秘哲学の碩学、アンリ・コルバンが興味深い言葉を残している。死者に出会ったとき、理性は肉体に恐怖を感じるように命令するが、叡知は恐れることはない、と告げ知らせる、というのである。欲に駆られた人間は、畏怖するべきものを恐れ、攻撃の対象として認識する。

福音書を読んでいると、イエスのコトバに真実の権威、威力、意味をどの弟子よりも敏感に感じ取っていたのがユダだったように思われてくる。弟子たちは皆イエスに魅せられている。それはユダも同じだった。ほとんどの弟子は師のコトバをひたすら熱心に受け入れようとする。だが、ユダの認識は違う。彼は、師のコトバを受容することに戦慄を伴う畏れと恐れを感じている。

イエスのコトバを聞くたびにユダは、これまで生きて来た世界が音を立てて崩れ去りそうな恐怖を感じていたのかもしれない。

あるときユダは、祭司長らのところへ行き、こう言った。「あの男をあなた方に引き渡せば、いったい、いくらくれますか」（「マタイ伝」26・15）。銀貨三十枚を支払うと祭司長らは答えた。それは当時奴隷一人を自由にするときに支払われる金額に相当するものだった。この金額を提示することで、彼らは心では感じているイエスの権威を打ち消そうとしたのだろう。

＊

日が経ち、除酵祭の日になり、晩餐の時間を迎えた。イエスと共に、弟子たちも皆席についた。するとイエスはこう語り始める。

わたしは苦しみを受ける前に、あなた方とともに、この過越の食事をすることを切に望んでいた。あなた方に言っておくが、神の国で過越が成就されるまでは、もう二度と過越の食事をすることはない。（「ルカ伝」22・15〜16）

食事が、イエスにとって真実の意味での和解のときであることはこれまでも書いた。切迫する最期を前にイエスが弟子たちに残したのが食事という経験だったことは注目してよい。

このときの食事は「最後の晩餐」と呼ばれる。だが、そうした言葉は福音書を探しても見つからない。また、キリスト教のすべての宗派がこのときの出来事をそう呼称するわけでもない。

このときイエスは弟子たちに、「パン」と「ぶどう酒」を自らの象徴として与えた。カトリックのミサは、最後の晩餐を記念する祭儀である。福音書が書かれてからおよそ二千年の月日が経とうとしている今日でも、ミサでは、ルカ伝に記されたのとほとんど同じ言葉が語られている。

> イエスはパンを取り、感謝をささげて、それを裂き、使徒たちに与えて仰せになった、「これは、あなた方のために与えられる、わたしの体である。これを、わたしの記念として行いなさい」。食事を終えると、〔ぶどう酒の入った〕杯《さかずき》も同じようにして仰せになった、「この杯は、あなた方のために流される、わたしの血による、新しい契約である」。(22・19〜20)

ミサは、イエスの最後の晩餐を再現する。信徒はそのとき、永遠の食卓に招かれる。そこで信徒は、イエスが行ったように「パン」をキリストの「体」、すなわち神の実在の象徴として受ける。

ここでの「パン」と「ぶどう酒」を「聖体」と呼ぶ。それを信徒が受け取ることを聖体拝領という。英語で表すと「コミュニオン Communion」となる。大文字での Communion は聖体拝領を意味するが、小文字の communion は、生者における死者たちとの交わりを意味する。もちろん、Communion という言葉には、死者の王であるキリストとの真実の交わりが表現されている。

今日、聖体拝領における「コミュニオン」の秘義ともいうべき聖性は、カトリックの中ですら改めて言及されることが少なくなってしまった。だがミサは、単なる儀礼として存在してきたのではなかった。参与してきた人々にとってそれは、「神」と交わり、死者と語らう営みだった。さらにいえばミサは、「受肉」の秘義の追体験でもある。ここでの受肉とは、イエスにおいて実現された人間と神が不可分に存在している絶対的状態を指す。

酒に注いだ水のように
　寄りそうて一つに溶けた我と汝
汝に触れるもの悉くまた我にも触れる
　境目をなくした我と汝（井筒俊彦訳）

この詩句の一節のような言葉を語ったのはキリスト者ではない。イスラーム神秘主義勃興を告げる人物、アル・ハッラージュである。

九世紀の中ごろ、イラン南西部ファールスのバイダーにハッラージュは生まれた。彼は旅に生き、その日々は巡礼と説教に費やされた。しかし、九二二年、彼は瀆神の罪で九年以上の獄中の生活を経て、処刑された。

イスラームの歴史において、ムハンマド以後、預言者として認められている者はいない。神は、かつて商人だったこの人物を選び、その口を用いて、自らのことを語り始めた。ムハンマドは「神」ではない。いわば彼は、神のコトバが顕われる場だった。事はユダヤ教においても同じである。旧約の預言者たちにとって神は、呼びかける相手であり、不断の随伴者だった。だが、ハッラージュはまったく別なことを口にする。あるときハッラージュは、「我こそ真実である」、すなわち、自分こそは「神」である、と言う。「神」は自らに受肉した、と宣言するのである。

イスラームにおいて「神」は、唯一なる絶対者であり、人間を超越して存在する。だが、受肉するとは、誰においてであれ「神」が、特定の人物に寄生することになる。受肉したと発言することは、単なる異端に留まらず、極度の瀆神となる。それを知りながらハッラージュは、自らの状態をありのままに表現しようとする。さらにその状態を「融けこみ」と呼んだ。

「融けこみ」とは、酒に注がれた水のように、あるいは「一杯のコップの水に塩を溶かして作る塩水のように、〔中略〕神と人とが――より厳密な言い方をするなら、神性と人性が――ひとつに溶け合う」ことだと、ハッラージュを論じながら井筒俊彦が「TAT TVAM ASI（汝はそれなり）」に書いている。

ハッラージュが獄につながれたとき、捕らえた人々は、とまどいながらも彼が発言を撤回しさえすれば解放するつもりだった。弟子は師に、発言の撤回を懇願する。するとハッラージュは、自らを神であると名乗った神に詫びろというのか、と応えたという。

自分の発言なら、取り消すこともできる。しかし話している神が自らを神であると宣言している以上、人間がどうして絶対者の言葉を封じることができようか、とハッラージュは言うのである。

この光景はソクラテスの最期を髣髴とさせる。彼も自分のコトバをひるがえすことはなかった。ソクラテスも人々の前で「語った」のは、自分と共にいる不可視な者であることを熟知していた。神を冒瀆した者の行く先に待っているのは、追放ではない、死である。イエスもまた、同じ道をたどらなくてはならなかった。エルサレムの祭司長たちが、イエスを裁いたのもやはり、神に対する許されざる冒瀆という理由だった。自己と神を一なるものとして語るというイエスの行為を彼らは赦さなかったのである。

これを読むキリスト信徒の中には、自分たちにはただ一人の救世主であるイエスとイスラームの神秘家が同列に語られることに、不快な感情を抱く人もいるかもしれない。だが、ここでの問題は各宗派における存在の比較にあるのではない。人間において「神」はどこまで内なるものとなり得るか、にある。

歴史に埋没して、イスラームの人々の間ですら忘れられていたハッラージュの存在を掘り起こしたのはムスリムではなく、敬虔なキリスト者でのちに司祭となる、フランス・イスラーム界の重鎮ルイ・マシニョンだった。マシニョンはハッラージュの境涯に宗派的違いを超えて、人間が極点において背負わなくてはならない宿命を見ている。

*

「最後の晩餐」においてはより鮮明に表れるが、食べ物を分かち合い、共に食べるという素朴な行為にはいつも、コトバが満ちている。食という営み自体がコトバなのである。しばしば人はそのことに気がつかない。共に食べるという行為には、信頼も情愛もまた、祈りすら籠められている。

人間の肉体は、食べたものによって成り立っている。それと同じように、見えないものを食するとき、人は、その行為によって、自らのうちにある不可視なものの糧にしようとしている。弟子たちとの「最後」の食事に秘められた意味をヨハネ伝はこう記している。

まことにまことになんじらに告げん。もし人の子の肉を食らわず、その血を飲まざれば、なんじらに生命《いのち》なし。わが肉を食い、わが血を飲む者は永生あり。われ、終わりの日にこれをよみがえらすべし。それ、わが肉はまことの食物、また、わが血はまことの飲み物なればなり。（6・53〜55）

文体がこれまでの翻訳とは大きく異なる。この一節の訳者は内村鑑三である。「神」の肉、「神」の血とはイエスそのものである。ここでの「食す」、あるいは「飲む」は、信じること、というよりも全身全霊を賭けることを意味する。ほとんど意識しないが、毒を食べれば命を失う可能性がある以上、食べる、あるいは飲むという行為の後ろにはいつも、身を賭すという営みがひそんでいる。イエスは、神に向かってわが身を賭す者は、そのとき自らもまた、不死の存在であることを知るというのである。

　福音書の一節を引用した先の一文「宗教と農業」で内村は、宗教とは「霊魂の食物を供する」ことだと言い、次のように述べている。

宗教は実験であります。その材料は、農業のそれとひとしく、実物であります。人の霊魂を養うことであります。霊魂の食物を供することであります。霊において生長し、その健全を計り、ついに神の完全《まった》きがごとくに完全くなることであります。（「宗教と農業」、『内村鑑三信仰著作全集』第十四巻）

若き内村は、札幌農学校に学んだ。そこで彼はキリスト教を知り、イエスに「出会う」。彼にとって農業と宗教は、いわば同じ幹から出た異なる色の花だった。

食物が身体を育むように、信仰のコトバは霊を養う。ここで内村が言う霊とは、大霊ともいうべき究極者すなわち「神」そのものであり、人間とはその超越者から霊なるものを分有された小霊ともいえる存在である。霊とは、神から付与された人間に内在する超越性にほかならない。霊性とは人間の中にあって、「神」を求める働きだが、けっして朽ちることのない尊厳でもある。内村にとって「食」とは、人が霊に直接的にふれ得る営みだったのである。

最後の晩餐で、イエスが弟子たちに与えようとしたのは、自分はたしかにこの世に存在したという確固たる事実である。何を語ったかは忘れられるかもしれない。事実、ルカ伝において最後の晩餐に続くのは、またもや弟子たちが、自分たちの中で誰が一番偉いのかをめぐって争うさまだった。だが、出来事は消えない。言葉はしばしば人間の意識を通り過ぎるが、真に出来事と呼ぶべき事象は、人間の魂に根付く。そうでなければ、ミサが今日までも原形を留めたまま行われていることはなかっただろう。根源的な意味において食は、霊との交わりのために行われる、静かな、しかし同時に、おごそかなる祭儀なのである。

第十五章　逮捕

最後の晩餐で、十二人の弟子と食事をしているときだった。イエスは次のように語り始めた。「あなた方によく言っておく。あなた方のうちの一人で、わたしとともに食事をしている者が、わたしを裏切ろうとしている」（「マルコ伝」14・18）。すると弟子たちは皆、師の言葉に深く心を痛めて、まさか自分ではないだろうかと声を上げた。

マルコ伝とルカ伝では、誰が裏切るのかはふれられていない。だが、マタイ伝では様相が違う。ユダが「先生、まさかわたしではないでしょう」と尋ねると、イエスは「いや、そうだ」と答える（26・25）。さらにヨハネ伝になると、イエスはユダに「裏切り」を命じているようにすら思われる。ある弟子が裏切るのは誰かと問いかけると、イエスは「わたしがパンを一切れ浸して与える者が、それである」（13・26）と言った。さらに次の一節が続く。

それから、パンを一切れ浸して手に取り、イスカリオテのシモンの子ユダにお与えになった。ユダがそのパン切れを受け取ると、その時、サタンはユダの中に入った。そこで、イエスはユダに仰せになった、「しようとしていることを、今すぐしなさい」。（13・26～27）

イエスと弟子たちとの共同体の中でユダは、会計を任されていた。このイエスの言葉を聞いても他の弟子たちは何を意味するのか分からない。必要なものを買うようにと指示されたのかと思ったほどだった。ユダだけがイエスの言葉の真意を理解している。

パンを「浸す」行為は、今日も生きていて、カトリックのミサでは種なしパンをぶどう酒につけて供されることがある。「聖体拝領」を意味するCommunionが同時に、死者と生者の交わりを指すことは第十四章でふれた。パンとぶどう酒は、イエスの「体」と赦しのために流される「契約の血」をそれぞれ象徴する。「浸す」ことは、分かたれることのない交わりを象徴する営みとなる。

そもそも食物を浸して差し出すことは、日常生活でもそこに関係が結ばれることを示す儀礼的な行為だった。ユダは裏切ろうとする。しかし、イエスは行いを通じて自身の変わらない友愛を表現する。自分が裏切り者であると宣告されたにもかかわらず、ユダは、とまどいながら、イエスの手からパンを受け取る。「そのパン切れを受け取ると、すぐに出て行った。夜であった」（13・30）とヨハネ伝には記される。

パンを浸して食べる様子は、マルコ伝にもある。裏切り者は自分ではないのかと問う弟子たちに、誰とは言わずにイエスは、こう語った。「十二人の一人で、わたしと一緒に鉢に食べ物を浸している者が、それである。まことに書き記されているとおりに、人の子は去っていく。しかし、人の子を裏切るその人は不幸である。むしろその人は、生まれなかったほうがよかったであろう」（14・20〜21）。

「生まれなかったほうがよかったであろう」という一節はこれまで、ほとんどユダの運命を呪《のろ》う言葉のように読まれてきた。果たしてイエスは、ユダを切り捨てるようなことを言ったのだろうか。それならばなぜ、最後になってもイエスは「パン」を与え、自らとの関係を永遠に刻むような行いをしたのだろう。

師を裏切らなくてはならない宿命を背負ったユダの悲しみを、イエスは、はっきりと感じている。それは容易に背負うことのできない定めであることもイエスは知っている。「生まれなかったほうがよかった」とは糾弾の表現ではなく、イエスのユダの生涯に対する尽きることのない情愛の表現ではなかったか。

祭司たちにイエスを引き渡すことによって、ユダが「使徒としてのつとめを、完全に正反対に逆転させたように思える」（『イスカリオテのユダ』）とカール・バルトは言う。バルトはイエスの働きが十全に行われるためには、ユダの「引き渡し」はどうしても実行されなければならなかったことに注目する。むしろ、それがイエスの生涯を完成させる重要な営みだと考えている。そればかりか、バルトはユダの行いに「教会」の重要な礎すら見ている。

> なぜなら、彼でさえ選ばれて使徒になり、召されて使徒になったのは、イエスを人間の力の下に置くためではなく、人間をイエスの力の下に置くためであり、イエスを罪人に引き渡すためでなく、罪人をイエスに引き渡し、「すべての理性をとりこにしてキリストに服従させる」〔中略〕ためであり、従ってイエス・キリストの自由をこの世に確証し、輝かせ、神の国の宣教に開かれた道を備えるためであるからである。
> （『イスカリオテのユダ』）

イエスが差し出したパンを手にして、ユダが部屋を出て行ったあとの様子を語るヨハネ伝の記述は、バルトの言葉を裏打ちしている。裏切り者ユダという符牒に、根本的な異議を突きつけているように感じられる。

「さて、ユダが出ていくと、イエスは仰せになった」との一節から始められ、そこでイエスは、弟子たちに新しい掟を語った。

今こそ、人の子は栄光を受けた。
神もまた人の子によって
栄光をお受けになった。
〔中略〕
わたしは新しい掟をあなた方に与える。
互いに愛し合いなさい。
わたしがあなた方を愛したように、
あなた方も互いに愛し合いなさい。（13・31～34）

ここで語られた「愛」の掟からどうしてユダが除外されなくてはならないだろう。ユダは、イエスが自ら選び、近くに暮らした弟子の一人である。使徒として権能を与えられた者である。「新しい掟」によればむしろ、弟子たちにとってユダは、最初に愛を注ぐべき隣人になったはずだ。裏切りをすべてユダに背負わせるように福音書を読む。そのとき人は、「姦通《かんつう》の女」に石を投げつけようとしている男たちと同じところに立っている。

*

ある日、朝早く、イエスが神殿に行くとどこからともなく人が集まってくる。イエスが語り始めると、彼に敵意をいだいていた律法学者と、戒律を厳格に守ることが信仰の証しだと信じているファリサイ派の人々が、姦通の現場で捕らえられた女を引き連れてきて、群衆の真ん中に立たせてこう言った。

「先生、この女は姦通をしている時に捕まったのです。モーセは律法の中で、このような女は石を投げつけて殺すようにと、わたしたちに命じています。ところで、あなたはどう考えますか」(「ヨハネ伝」8・4〜5)

「先生《ラビ》」と呼びかけることは、必ずしもイエスに対する敬意の表現ではなく、むしろ敵意の表れとなることがある。弟子たちは師を「主よ《キュリエ》」と呼ぶ。先に見たマタイ伝の記述でユダが、裏切るのは自分なのか、とイエスに尋ねるときも、彼は「先生」とイエスに呼びかけている。ユダもかつては、幾度となく、「主よ」と呼びかけていただろう。

姦通した者が死刑となる記述の根拠は、旧約聖書にはいくつか散見される。その一つ、レビ記にはこう記されている。「人が他人の妻と姦通する場合、人が隣人の妻と姦通するなら、姦通した男も女も必ず死刑に処せられる」(20・10)。この掟が本当に生きていたなら、この場に男女が共に引き出され、裁かれなくてはならない。しかし、連れてこられたのは女だけだった。

律法学者たちはイエスに答えを迫る。だが、イエスは答えない。身をかがめて「地面に指で何かを書き始められた」（8・6）とヨハネ伝には述べられている。それでも質問は止まらない。イエスは身体を起こしてこう言った。「あなた方のうち罪を犯したことのない人が、まずこの女に石を投げなさい」（8・7）。そう語るとイエスは、再び地面に向かって何かを書き始めた。

すると年長者から始まって、一人、また一人と去って行って、女とイエスだけが残った。イエスは女性に、罪を訴えていた人たちはどこにいるのか、誰もあなたを罪に定めなかったのかと尋ねる。「主よ、誰も」と女が答えると、イエスはこう語った。「わたしもあなたを罪に定めない。行きなさい。そしてこれからは、もう罪を犯してはならない」（8・11）。

この記述を読んで、「女」に自分を重ね合わせない者は少ないだろう。今日の私たちも彼女に「石」を投げることはできない。また、この「女」はイエスを裏切ったユダを象徴してもいる。

*

誤解を恐れずに言えば、ユダは、私たちを含む「人間」という、罪から免れることはできない存在の象徴でもある。ユダはたしかに、イエスを裏切った。しかし、その役割を背負わなくてはならない自らの生涯にもっとも苦痛を感じていたのは、ユダ自身ではなかったか。次に引くのは、遠藤周作の小説『沈黙』の最後の場面で、江戸時代初めの禁教令のもと、棄教を迫られて踏み絵を踏んだ司祭がイエスと対話する場面である。神学や教義学だけでなく、文学を通じて新しい光がイエスの生涯に注がれてきたのは、近代日本とキリスト教を考える上で見過ごしてはならない特徴である。

（踏むがいい。お前の足は今、痛いだろう。今日まで私の顔を踏んだ人間たちと同じように痛むだろう。だがその足の痛さだけでもう充分だ。私はお前たちのその痛さと苦しみをわかちあう。そのために私はいるのだから）

「主よ。あなたがいつも沈黙していられるのを恨んでいました」

「私は沈黙していたのではない。一緒に苦しんでいたのに」

「しかし、あなたはユダに去れとおっしゃった。去って、なすことをなせと言われた。ユダはどうなるのですか」

「私はそう言わなかった。今、お前に踏絵を踏むがいいと言っているようにユダにもなすがいいと言ったのだ。お前の足が痛むようにユダの心も痛んだのだから」

ここで遠藤は、ユダを人類の代表者として描いている。ユダの裏切りは、いつもイエスの赦しと共にある。イエスは、人の弱さを裁く前に寄り添う。ここでは痛みと苦しみはすでに神に捧げる真摯な供物となっている。

聖書学の研究が進み、「姦通の女」を描くヨハネ伝の記述が、後世の加筆である可能性が高いことが分かってきた。ここに刻まれている罪と赦しの実相が記されないままであるとするなら、イエスの生涯が語る大きな何かを見過ごすことになる、と感じられたのだろう。ヨハネ伝を記した共同体は、ユダの生涯を思い、この記述を書き添えたのではなかったか。

また、加筆されたヨハネ伝の記述にはもう一つ注目するべき点がある。生前、イエスは文字で書き記すことはなかった、とされている。事実、イエスが書いたとされているものは、写本すら残っていない。だが、「地面に指で何かを書き始められた」とのヨハネ伝の記述は、イエスがまったく「書く」ことをしなかったのではない、ということも示してくれている。同時に、イエスのコトバは紙にではなく、大地に刻まれるように発せられていることを暗示している。

＊

のちに「聖体」と呼ばれるパンとぶどう酒の起源は、三つの共観福音書には記されているのだが、ヨハネ伝にはない。そこでのイエスは、弟子たちと食事を共にしただけではなく、自分でたらいに水を汲《く》み、一人ひとりの弟子たちの足を洗い、自分の身に着けていた布で拭き取っている。

足を洗うことは、霊的な忠誠の証しとして描かれる。同時にここには、裏切り者となる弟子たちを完全に受容するイエスの姿が表現されている。

この上ない崇敬を捧げる相手が、自分をもっとも低い位置に据え、眼前に現れる。次々に一人ひとりの足を洗うイエスの姿を、弟子たちはどのように見つめていたのだろう。このとき、足を洗うことは、言葉を介さない、しかし、魂へと直接語りかけるコトバになる。この晩餐に至る以前に、イエスは弟子たちに自らの死が迫っていることを告げていた。残されている時は限られている。だが、弟子たちはそれを直視しようとしない。ペトロの足が洗われる順番になった。なぜ、こんなことをしてくれるのかとペトロは尋ねる。イエスは、今はまだ、理解できないだろうが、いずれ分かる日が来ると語る。

このときペトロは、はじめて師の最期を実感したのかもしれない。迫りくるその日に抗うようにペトロは、「決してわたしの足を洗わないでください」と言う。するとイエスはこう答えた。「わたしがあなたを洗わなければ、あなたはわたしと何の関わりもなくなる」。これを聞いたペトロは、「主よ」と呼びかけ、とっさに「足だけではなく、手も頭もお願いします」と応じた（「ヨハネ伝」13・5〜9）。

このときイエスは、ユダの足も洗っている。ユダが部屋を出る。イエスは互いに愛し合うようにと弟子たちに語ると彼もまた、行き先を告げずにどこかに行こうとする。ペトロが、どこへ行くのかと尋ねるとイエスは、これから自分の行くところにあなたはついてくることはできないと語る。するとペトロは、「主よ」、と声を上げ、なぜ今ついてゆくことができないのか、自分は「あなたのためには命も捨てます」とまで言ったとヨハネ伝には記されている（13・37）。しかし、それを聞いてイエスはこう答える。

> わたしのために命を捨てるというのか。よくよくあなたに言っておく。あなたが三度わたしを知らないと言うまで、鶏は決して鳴かないであろう。（13・38）

「ペトロの否認の予告」と呼ばれる、福音書の中で、もっともよく知られた記述の一つだ。絶対に裏切ることはない、と語ったペトロが、その日の夜が明けるまで三度、イエスを裏切ることになるだろうと、イエスは告げたのだった。

ヨハネ伝では、そう語ったのはペトロだけのように記されているが、マタイ伝では違う。ペトロの発言もいっそう過激さを増している。「たとえ、あなたと一緒に死ななければならないとしても、決してあなたを知らないとは言いません」とペトロが言う。するとほかの弟子たちも皆「同じように言った」と書かれている（26・35）。

*

そのあとイエスは、弟子たちと共にゲッセマネと呼ばれる場所に行った。イエスは、弟子たちに座って待つようにと言い、ペトロと、ゼベダイの子ヤコブとヨハネの二人を連れ、少し離れたところで祈り始めた。そのときの様子はマタイ伝にはこう記されている。

〔イエスは〕悲しみ悶え始められた。そして、彼らに仰せになった、「わたしの魂は悲しみのあまり、死ぬほどである。ここにいて、わたしとともに目を覚ましていなさい」。(26・37〜38)

そう語るとイエスはさらに先に進み、ひれ伏して、一人で祈り始めた。「父よ、もしできることなら、この杯をわたしから遠ざけてください。しかし、わたしの思いではなく、み旨のままになりますように」(26・39)。

悶えるほどの悲しみはどこからやってくるのか。このときイエスは、これから自分を裏切るユダを想わなかっただろうか。また、ユダのような誰の眼にもはっきりした行為においてではないとしても、自分を裏切ることになる弟子たちのことを思ったのではなかったか。

どこまでもいっしょに行く、と豪語した弟子たちだったが、待つようにと言われた場所で皆、眠りに落ちていた。その姿を見てイエスは、目を覚ませと言う。イエスは再び弟子たちから離れて、「父よ、わたしが飲まなければ、この杯は遠ざからないのなら、み旨が行われますように」（26・42）と祈る。イエスが弟子たちのところに戻るとやはり、彼らは皆寝ている。イエスは、同じことを三度繰り返した。

三回という頻度は、鶏が鳴く前に三回イエスとの関係を否認すると言われたペトロを思わせる。ペトロはこのときも寝ていた。彼が怠惰なのではない。人間の肉体がイエスに迫りくる苛酷な出来事を受け入れることができないのである。イエスは弟子たちに言う。「心ははやっていても、肉体は弱いものだ」（26・41）。

ここでの「肉体」は、物理的存在としての身体だけでなく、人間の力の限界を示しているように思われる。弟子たちは自らの意志をたのみにする。しかし、人がどれだけ強く望んでも、どうしても実現できないことがある。弟子たちは、そのことをまだ十分に自覚していない。イエスは、彼らの弱さを責めることはない。彼は弱き弟子たちの姿を見て穏やかにこう言った。「もう眠って休みなさい。さあ、時は近づいた。人の子は罪人たちの手に引き渡される。立ちなさい。さあ行こう。見なさい。わたしを裏切る者が近づいてきた」（26・45〜46）。

そう語りながらも、まだ、言葉を終えないうちに、ユダをはじめ、祭司長や長老に遣わされた者たちが武器を手に現れた。ユダは彼らに、自分が接吻する者がイエスだと伝えていた。ユダはイエスに近寄り、「先生、いかがですか」と言ってイエスに唇を近づけた。ユダはここでも「先生《ラビ》」としか呼びかけることができない。イエスは、最後の晩餐のときと同じように、ユダにこう答える。「友よ、しようとしていることに取りかかりなさい」（26・50）。

武装した者がイエスを捕らえようとする。イエスは彼らに、どうして強盗を捕らえるかのように武器をもってやってきたのか、毎日神殿にいて、あなたたちのそばにいるときは捕らえようとしなかったではないか、と言った。ある者がイエスに手を掛ける。イエスに随行していた者の一人が刀を抜き、相手方の一人の耳を切り落とした。この事実は、彼を取り囲む群衆に、いつからかイエスを自衛するほどの武力が備わっていたことを物語る。剣を収めよ、剣を用いる者は剣で滅ぶ、とイエスは言い、しかし、これでよい、「こうなったのはすべて、聖書の預言が成就するためである」（26・56）と語りながら、イエスは逮捕される。

この騒動のとき、弟子たちは何もしなかった。彼らは闘うことも、イエスを護ることもしなかった。命が脅かされることがあっても、あなたのもとを離れることはない、と語った弟子たちは一人残らず消えていた。「その時、弟子たちはみな、イエスを置き去りにして逃げ去った」（26・56）とマタイ伝には記されている。

ユダがイエスを告発した事実は動かない。同時に、ほかのすべての弟子たちが目の前で捕らえられたイエスを置き去りにした事実も消えることはない。

自分の告発によってこれから命を奪われようとしている師が、友よ、と口にするのをユダは、どんな思いで聞いたのだろう。ユダは、自分の利益のためにイエスを引き渡したのではなかった。彼が手にした銀貨三十枚はけっして膨大な金額ではない。マタイ伝によると彼は、イエスへの判決が下った後、祭司長らに銀貨を返却しようとしたが、断られる。すると、銀貨を私するのではなく、神殿に投げ込んだ後、自ら命を絶つことになる。

次に引くのは、先に挙げた遠藤周作の『沈黙』で、司祭が棄教を迫られ、踏み絵を踏む場面である。この記述は、鶏が鳴く場面が描かれていることから、しばしばペトロの否認との関係で述べられるのだが、「踏む」ことが裏切りの表現であるなら、まざまざとよみがえるのはむしろ、ユダである。

司祭は足をあげた。足に鈍い重い痛みを感じた。それは形だけのことではなかった。自分は今、自分の生涯の中で最も美しいと思ってきたもの、最も聖《きよ》らかと信じたもの、最も人間の理想と夢にみたされたものを踏む。この足の痛み。その時、踏むがいいと銅版のあの人は司祭にむかって言った。踏むがいい。お前の足の痛さをこの私が一番よく知っている。踏むがいい。私はお前たちに踏まれるため、この世に生れ、お前たちの痛さを分つため十字架を背負ったのだ。

こうして司祭が踏絵に足をかけた時、朝が来た。鶏が遠くで鳴いた。

ここに描かれているのは、自ら落ちてゆくさまを凝視しなくてはならなかった者の悲しみである。弟子たちの中で自ら意図して裏切りを行ったのはユダだけだった。ほかの弟子たちは捕らえられるのが恐ろしかったのかもしれない。命の危険を感じたのかもしれない。理由はどうあれ、彼らも師を見捨てたが、ユダのような苦しみを背負うことはなかっただろう。もっとも美しく、また聖らかで、完全を体現している、愛する師を裏切ったユダは、イエスの実相にもっとも近づいた弟子だったのかもしれない。その分、ユダの痛みは深く、重い。

*

四つの福音書でもユダをめぐる記述は一様ではない。自ら命を絶ったと記しているのもマタイ伝だけである。残りの三つの福音書にはユダのその後は記されていない。だが、ルカ伝の記者と同じ者によって記されたと考えられている使徒言行録では最初の章でイエスが逮捕された後、ユダがどうなったか、ペトロの口から語られている。イエスの没後百二十人の「兄弟」たちが集まったとき、その中に立ってペトロはこう話し始めた。

　兄弟のみなさん、イエスを捕らえた者たちの手引きをしたユダについて、聖霊がダビデの口を通してかねて語った聖書の言葉は成就されなければならなかったのです。ユダはわたしたちの仲間の一人に数えられ、同じ奉仕の務めを授かっていた者でした。ところで、このユダは不正による報酬で、土地を買いましたが、そこへ真っ逆さまに落ちて、体が真ん中から裂け、はらわたがことごとく流れ出てしまいました。このことがエルサレムの全住民に知れ渡り、この土地は彼らの言葉で「アケルダマ」、すなわち、「血の土地」と呼ばれるようになりました。（1・16～19）

一見すると非業な、呪われた死が語られているように映る。だがペトロはここでもユダが自分たちと同じ使徒だったことを改めて語る。

　このときペトロは、自分もまた、一晩のうちに数えきれないほど師を裏切ったことを想い出していただろう。祈りのとき、逮捕のとき、そして、裁判のときもペトロはイエスの傍らにはいなかった。十字架を背負い、倒れ、血を流しながら歩く師を助けようとはしなかったかつての自分を、彼は忘れたことなどなかっただろう。

「体が真ん中から裂け、はらわたがことごとく流れ出てしまいました」の一節は文字通りに読んでもよい。だが、「はらわた」を意味するギリシャ語の「スプランクナ」の語意を感じながら読んでみると、少し様相が変わってくる。近しい言葉である「スプランクニゾマイ」は、「はらわた」からほとばしり出るような憐れみの情愛を指す。

この一節にふれながらバルトは、「はらわた」が流れ出るとは、人間の分際を超え、破滅的な運命を生きなくてはならなかった者の境涯を示している、と言う。ユダは、すべての弟子たちが束になっても背負いきれない何かを一身に引き受けて生きた。

先に引いたユダの生涯を語りながら、ペトロがあふれ出る悲しみのあまり涙を流していたとしても驚かない。むしろ、先の一節を読むと、使徒たちが内心に感じていた悲しみの歴史がまざまざとよみがえってくる想いがする。

第十六章　十字架の道行

四つの福音書は、イエスの生涯を記す点においては共通しているのだが、書かれている内容は必ずしも同じではない。共観福音書と呼ばれる三つの著述も、類似した主題を多く取り上げているが、流れ出る霊性は著しいほどに異なる場合がある。

福音書は、じつに不思議な書物だ。四つのイエス伝はそれぞれに独立していながら、互いに補い合っている。個的な存在でありながら、全体におけるかけがえのない部分となっている。たとえば、マタイ伝で発せられた問いへの十全な応答をヨハネ伝に見るということもある。

四つの福音書は単に比較して読むものではないだろう。それはあたかも四つの素材から一つのスープを作るように読まなくてはならないのかもしれない。それぞれの素材を別々に口にしているときには相反するように感じられるものでも、合わせてみると調和が生まれることがある。イエスの受難においても状況は変わらない。それぞれの信仰共同体は、神の子の死という一つの出来事に異なる意味を見出している。異なる事象が折り重なるところに、それぞれの人間が固有の地平を見出すこと、それがイエスの生涯を読む、ということなのだろう。

＊

祭司長と長老らが差し向けた、武器を手にした人たちに捕らえられると、イエスは、大祭司カイアファのもとへ連れられて行ったと共観福音書は語っている。だがルカ伝では、夜中に捕らえられたイエスは、朝まで大祭司の邸宅のある場所に閉じ込められ、監視していた者に殴《なぐ》られ、なぶりものにされたと記している。逮捕後、イエスが殴られることはほかの福音書にも語られるのだが、それは形式的だったとしても裁判のあとだった。

だが、ルカ伝は、正当な手続きを踏む前にイエスが虐げられたことを強調する。ヨハネ伝の記述はさらに異なる。捕らえられたイエスがまず連行されたのは大祭司のもとではなく、大祭司の舅《しゅうと》アンナスのもとだったというのである。

この人物こそ、イエスは極刑に値すると主張した者だった。アンナスもかつては大祭司だった。ヨハネ伝では、最初に面会しただけでなく、イエスを尋問したのも時の大祭司カイアファではなく、アンナスであることになっている。「アンナスはイエスを縛ったまま、大祭司カイアファの所に送った」（18・24）と記されたあと、場面はローマ帝国から派遣された総督ピラトとの問答に移って行く。縛ったまま引き渡した、との記述は、公的な大祭司の裁きの前にすでに判決が下っていることを暗示している。

ヨハネ伝における大祭司カイアファは傀儡《かいらい》でしかない。イエスを死に追い込むに至る動きは、一群の人々によって人目に隠れたところで着々と進んでいたことを強く想起させる。さらにこの記述は、ヨハネ伝の聖書記者の眼が、可視的現象の奥をいつも見据えていることを物語っている。

一方、共観福音書で描かれるのは公的な機関である最高法院において裁かれるイエスである。最高法院とは、ユダヤ教内の自治に関する決定機関で、三権のうち、行政と司法を司っていた。ここでは死刑を含む判決を下すことができた。それは単なる権限を超えたほとんど神になりかわった「権能」と呼ぶべき働きだった。イエスが捕らえられたとき、すでに最高法院が開催される準備が整っていた。祭司や長老だけでなく、市井の人々も大祭司のもとに集められていた。イエスに不利な証言を得るために集められていたのだった。

祭司長たちはイエスを極刑にしたいと考えていた。共観福音書の記述からは、祭司たちがイエスを恐れていることがまざまざと伝わってくるのだが、その理由ははっきりとは語られていない。だが、ヨハネ伝では、エルサレムの権力者たちがなぜ、イエスを恐れたのか、その様子がはっきりと語られている。

奇跡を行うイエスの周りにはいつの間にか人の群れが生まれた。福音書では、その様子がことさらに描かれることはないのだが、イエスの旅は十二人の弟子たちとの密やかな移動ではなく、歩みを進めるほどに連なる者がふえてくる。革命が実現する前夜のような切迫感が、権力者たちにはあった。暗雲が、巨大化しながら迫ってくるような戦慄すら感じただろう。ある日、イエスの動向に恐怖を感じた祭司長やファリサイ派の人々は最高法院を召集し、こう語った。

　この人は多くの徴を行っているが、われわれはどうしたらよいのか。このままにしておけば、みなが彼を信じるようになる。そうなると、ローマ人が来て、われわれの土地と国民とを征服してしまうだろう。（「ヨハネ伝」11・47〜48）

この発言は、イエスに敵対した人々もイエスが行った奇跡を認めざるを得なくなっている状況を如実に示している。今はユダヤの地で収まっていても、噂は急速に広まり、広大なローマ帝国全土から助けを求めて人々が集まってくる。大規模な移住が始まり、ユダヤの土地と国民が虐げられる、というのである。これは杞憂《きゆう》などではなかった。ユダヤ人はそれまでに何度も迫害を経験してきた。ここで発せられた言葉通り、キリスト教はのちにローマ帝国の国教となった。

人々が思案を重ねているとき、大祭司カイアファは確信に満ちた様子でこう語ったのだった。「あなた方は、何も分かっていない。一人の人間が民に代わって死に、国民全体が滅びないほうが、あなた方にとって得策であることを、考えていない」（「ヨハネ伝」11・49〜50）。これはカイアファの意見ではなかった。多くの者を救うために一人が犠牲になるのは避けられない、とカイアファに助言したのは先に見たアンナスだった。この言葉が実質的な判決になった。イエスの死刑は捕らえられる前に決まっていたのだった。

しかし、この一連のヨハネ伝の記述で見過ごしてはならないのは、大祭司などイエスの生命を奪おうとした者たちにも超越の働きが及んでいたと告白されているところだ。ヨハネ伝の作者の認識は、カイアファの発言を政治的な出来事として認識することに終わらない。「カイアファは自分勝手にこう言ったのではない」（11・51）と述べ、次のように続けている。

> イエスが国民のために死ぬようになること、いや、国民のためばかりでなく、散らされている神の子たちを一つに集めるために死ぬようになることを、預言したのである。

ここで「預言」という術語が用いられている意味は大きい。すでに見たように預言とは文字通り、神のコトバを預託されることを言う。神の意志は、神の子を迫害するカイアファの口からすら語られることがある、というのである。イエスは、世に神の業を実現したことによって、世に拒まれ、死ななくてはならない。神の子の死によって、散り散りになった人間は再び一つになろうとしている。

共観福音書で描かれるカイアファは権力者である。彼は事前に集めた人々の証言をもとにしてイエスに公的な判決を下そうと考えていた。しかし、多くの者が証言したが何も確かな証拠は見つからない。最後に二人の男が出てきてこう語った。「この男は、「わたしは神殿を打ち壊し、三日のうちにそれを建て直すことができる」と言いました」（「マタイ伝」26・61）。

この記述はマルコ伝とマタイ伝にある。しかし、この二つの福音書には、このとき以前にイエスが、三日で神殿を再建すると語ったという記述はない。むしろ、この一節のあとに、イエスがそう語ったのは確かではない、と書かれている。ルカ伝にはこの発言をめぐる記述すらない。このことがはっきりと語られているのはヨハネ伝である。

第十二章で、神殿から商人を追い出したイエスにふれた。神の声を聞く場所である神殿を、人間の声で埋め尽くそうとする者をイエスは黙って見過ごすことができない。このときの様子はヨハネ伝ではこう述べられている。

〔イエスは〕鳩を売る者たちに仰せになった、「これらの物はここから運び出せ。わたしの父の家を商売の家にしてはならない」。弟子たちは、「あなたの家を思う熱意が、わたしを食い尽くす」と書き記されているのを思い出した。すると、ユダヤ人たちにはイエスに向かって言った、「こんなことをするからには、どんな徴をわたしたちに見せてくれるのか」。イエスは答えて仰せになった、「この神殿を壊してみよ。わたしは三日で建て直してみせよう」。（2・16〜19）

ここでの「神殿」は、イエスの身体を意味している、とヨハネ伝には記されている。三日で建て直すとは、死後三日でイエスが復活することを指す。新生したイエスにふれた弟子たちは、このときの言葉を思い出し、イエスへの信仰を新たにしたと述べられている。しかし、マルコ伝とマタイ伝には同様の解釈は述べられていない。もちろん、「神殿」はイエスの身体であると考えることもできる。だが、多くの福音書に記されている言葉がそうであるように、「神殿」の一語も多層、多義的な意味をもつように感じられる。

大祭司に尋問されるがイエスは答えようとしない。応じないことで質問自体を瓦解させようとする。「神殿」を三日で建て直すと発言したか否かにもイエスは答えようとしない。「神殿」が神の声を聞く場所であり、祈りの場所であるなら、この世界で「神殿」ならざる場所があるだろうか。イエスは確かに三日で「神殿」を建て直すと言ったのだろう。それは自らの復活の予告であると同時に、この世界における意味的刷新が生起することの宣言ではなかったか。ナザレのイエスが死ぬことによって、世界ははじめてキリストを得る。この出来事によって世界の存在は意味を一新するとイエスは語ったのではなかったか。

＊

偽証する者が次々に口を開いてもイエスの有罪を確定することができない。マタイ伝によると次に大祭司が試みたのは、イエスに自ら神の子であると証言させることだった。大祭司はイエスに向かってこう言った。「生ける神に誓ってわれわれに言え。お前は神の子、メシアなのか」（26・63）。するとイエスはこう答える。

あなたの言うとおりである。しかし、わたしは言っておく。今から後、あなた方は、人の子が力ある方の右に座し、天の雲に乗って来るのを見るだろう。（26・64）

「あなたの言うとおりである」、と語られているように、このときイエスが、メシアであると最初に言ったのは大祭司だった。イエスは、彼らの質問に正面からは応じない。また、自ら進んで神の子であるとも語らない。この姿勢は受難のイエスを貫いている。ここに先にヨハネ伝に見た「預言」の秘義は生きている。イエスが自身に関して黙するとき、それに耐えられない人間は、自ずと見たことを証言する。

だが、そのことに大祭司は気が付いていない。「衣を引き裂いて」、大祭司は人々に向かってこう言った。「この男は冒瀆の言葉を吐いた。どうしてこれ以上、証人の必要があろうか」(26・65)。大祭司がイエスを、瀆神者だと断じると、集まっていた人々は、その行為が死に値する、と声高に言う。そればかりか彼らはイエスの顔に唾を吐き、殴り、ある者は平手打ちにして、「メシアよ、お前を打ったのは誰か、言いあててみろ」(26・68)と言い放った。

　このとき、ペトロは大祭司の屋敷の中庭に潜入している。ペトロはイエスが屈辱的な仕打ちを受けるのを見てはいない。他の弟子たちと同じくペトロも、イエスが捕らえられると師を置き去りにして逃げた。しかし、イエスを連行した人々からは遠く離れて、その後を追い、イエスの弟子である身分を隠して彼も人々に交じって座っていたのだった。

　師の言葉通り、ペトロが、朝、鶏が鳴くまでに三度イエスを否認するのはこの場所である。イエスを守るためなら命も惜しくはないと語ったペトロだったが、自らの発言を自らが否むことになる。人は、人の力だけでは自らが望むことを実現することはできない。このときペトロは、師を裏切った弱き弟子の一人であると共に、人間の代表者として描かれている。

＊

夜が明けると、イエスを捕らえた首謀者たちはイエスをローマ帝国から派遣された総督ピラトに引き渡した。ピラトはイエスに尋ねる、「お前はユダヤ人の王か」。するとイエスは「それは、あなたが言っていることである」と応じる（「マタイ伝」27・11）。

このときもイエスは、自らの真の使命を語ることはない。祭司長や長老が訴えを重ねてもイエスは何も話そうとしない。するとピラトは、こんなに不利な証言がされているのが聞こえないのかと問い返す。それでもイエスは答えない。その姿を見て「総督は非常に不思議に思った」と記されている。

過越の祭りのとき、総督は民衆が望む者に恩赦を与える習わしがあった。このときバラバという囚人がいた。ピラトは誰を釈放してほしいかと民衆に尋ねる。すると「バラバを」と人々は口々に語った。祭司長たちが事前に人々を説き伏せていたのだった。

人々の声を聞き、ピラトはイエスの対応をどうするべきなのかも問いかける。すると民衆は、「十字架につけろ」と答える。イエスがいったいどんな罪を犯したというのか、とピラトは群衆に呼びかける。だが答えは同じで、人々はますます声を荒らげ、「十字架につけろ」と叫んだ。

このときピラトは、イエスに恩赦を与えたいと思っていた。裁判が始まると、ピラトは妻からの伝言を受け取ったとマタイ伝は伝えている。「あの正しい人と関わりをもたないでください。昨夜、あの人の夢を見て、たいへん苦しみました」（27・19）との伝言だった。最初からピラトがイエスを「正しい人」と感じていたかどうかは分からない。だが、イエスに尋常ならざるものを感じていたことは福音書の記述からも十分に伝わってくる。

妻からの申し出を、ピラトは、意味あるものとして受けとめている。夢の働きを認めている。それは聖書記者も同じだろう。「あの正しい人」とピラトの妻が語る言葉を、聖書記者たちはそのまま受容している。

第三章で述べたように、今日のキリスト教では、夢の役割を正面から論じることは少ないが、新約聖書における夢の働きは再考されてよい。キリスト教が封印した夢の働きを深層心理学が解放した。深層心理学の世界に宗教的問題が流れ込むのは必然だった。「使徒信条」というキリスト教各派に共通する信仰を告白する祈りがある。多少表現の異なるところはあるのだが、基本のかたちは変わらない。この一文で、キリスト者はイエスの生涯を信じると告白するのである。そこには次のように記されている。

天地の創造主、
全能の父である神を信じます。

父のひとり子、わたしたちの主
イエス・キリストを信じます。
主は聖霊によってやどり、
おとめマリアから生まれ、
ポンティオ・ピラトのもとで苦しみを受け、
十字架につけられて死に、葬られ、
陰府《よみ》に下り、
三日目に死者のうちから復活し、
天に昇って、
全能の父である神の右の座に着き、
生者《せいしゃ》と死者を裁くために来られます。
聖霊を信じ、
聖なる普遍の教会、
聖徒の交わり、
罪のゆるし、
からだの復活、
永遠のいのちを信じます。アーメン。（「使徒信条」日本カトリック司教協議会認可）

この一節はキリスト者によって、もっともよく口にされる定型句の一つで、自分を顧みても、何度これらの言葉を口にしたか分からない。これらの一節は、聖書を読んで感じたことよりもいっそう深く身に沁《し》みている。仏教では、信仰が全身に沁み渡ることを「薫《くん》染《せん》」という。「使徒信条」は、多くのキリスト者の精神に沁み入っている。だが、先に見た「ポンティオ・ピラトのもとで苦しみを受け」との文言は、暗黙のうちにピラトがイエスを虐げたという誤認を与えてはいないだろうか。旧訳では「ポンシオ・ピラトの管下にて苦しみを受け」となっていたが、そちらのほうが福音書の記述により近い。ピラトはむしろイエスが神に近い者であることを感じていた数少ない例外者だった。ヨハネ伝にはイエスとピラトのこんな応答が記されている。

わたしが王であるとは、
あなたの言っていることである。
わたしは、真理について証しするために生まれ、
また、そのために世に来た。
真理に属している人はみな、
わたしの声に聞き従う。（18・37）

するとピラトは「真理とは何か」と問い返した。この一言はピラトもまた、信仰は異なるが、真理を探究する者の一人であることを暗示している。ヨハネ伝で描かれるピラトは単に裁判から距離をとろうとするだけでなく、はっきりとイエスを無罪だと言う。「お前たちがこの者を引き取って、十字架につけるがよい。わたしはこの者に罪を見出さない」（19・6）。ピラトはイエスを裁かない。そればかりかこの裁きとは関係がないことを民衆に明示しようとする。彼は水を運ばせ、群衆の前で手を洗いながら言った。「この男の血について、わたしには責任がない。お前たちが自分で始末するがよい」（「マタイ伝」27・24）。

所定の手続き通り、ピラトはバラバを釈放し、イエスを鞭打たせたあと、十字架刑に処すために部下に引き渡した。正式な死刑判決をイエスに下したのはピラトではない。大祭司をはじめとしたユダヤの人々だった。先のピラトの発言を受けて人々は「その男の血は、われわれとわれわれの子孫に」（27・25）と声を上げたとマタイ伝には記されている。

さらに、ルカ伝にはこれまで見てきた福音書とは異なる挿話が記されている。イエスはピラトだけでなく、処刑の前にヘロデとも面会し、言葉を交わしていたというのである。ヘロデとは、洗礼者ヨハネの首をはねたヘロデ・アンティパスである。

ヘロデはイエスを見ると、非常に喜んだ。うわさを聞いて、以前からイエスに会ってみたいと思っていたし、イエスが行う奇跡を見たいと望んでいたからである。そこで、ヘロデは言葉を尽くして尋ねたが、イエスは何もお答えにならなかった。祭司長や律法学者たちは立ち上がって、必死にイエスを訴えた。ヘロデもまた、自らの兵士たちとともにイエスを辱め、なぶりものにしたあげく、派手な衣を着せて、ピラトのもとへ送り返した。（23・8～11）

ヨハネ伝でイエスを尋問したのがアンナスだったように、ルカ伝ではヘロデになっている。ここでもイエスは問いに答えない。答えない、というよりも応えない。むしろ、沈黙によって言葉にならない何かを浮かび上がらせようとしているようにも感じられる。

記されていないコトバ、容易に文字になろうとしないコトバ、それらをイエスの沈黙はまざまざと浮かび上がらせる。

＊

愛弟子の裏切りによって捕らえられ、残った弟子たちにも見捨てられ、裁かれた、というよりは、事前に決まっていた判決を言い渡されたイエスは、罵倒《ばとう》されながら十字架を背負い、街中を歩かされ、ゴルゴタの道を行き、磔にされて死ぬ。これらの出来事は、おそらく十数時間の間に起こり、ここにイエスの生涯は収斂されている。

だが、イエスの死に至る道程を福音書で確認しようとしたとき、書かれているはずだと思い込んでいた記述がないことに驚く人もいるかもしれない。たとえば、磔にされたイエスは手と足に釘を打ち込まれた、とされているが、それがはっきりと述べられている記述は福音書にはない。グリューネヴァルトの「イーゼンハイム祭壇画」を典型に、十字架上で、二つの手のひらと、重ね合わされた足の甲を太い釘で打ち抜かれ、流血するイエスの姿は西洋画家たちの重要なモチーフとなったまま今日に至っている。だが、これに関する記述としてあるのは、ヨハネ伝の次の一節だけなのである（20・24〜29）。

死から復活したイエスは次々と弟子たちの前に現れた。だが、イエスが顕われたとき、トマスはその場所にはいなかった。他の弟子たちが自分は主を見た、と言うのを聞き、トマスはこう語った。「わたしはその手に釘の跡を見、自分の指をその釘の跡に入れてみなければ、また、自分の手をその脇腹に入れてみなければ、決して信じない」。それから八日後、弟子たちは鍵を掛けた家の中にいた。外からは誰も入って来られないはずなのに、イエスは弟子たちの真ん中に立って、トマスに向かってこう言った。「あなたの指をここにあてて、わたしの手を調べなさい。あなたの手を伸ばして、わたしの脇腹に入れなさい。信じない者ではなく、信じる者になりなさい」。語られているのは釘を打たれた場面ではなく、その傷跡である。それも遺体に残ったそれではなく、生ける死者、復活のイエスの手に現れた「傷跡」なのである。

さらにカトリックでは「十字架の道行《みちゆき》」という、聖書には記されていない場面をも含みながら、受難を十五の場面に描き出した独自の祈りを生み出すことさえした。信徒たちは福音書に書かれていない出来事を盛り込みながら、もう一つの受難の物語を作ったのだった。

その一場面でイエスは、たしかに十字架に釘づけにされる。イエスは十字架を背負い、三度倒れる。しかし、そのような詳細な記述は福音書にはない。イエスが倒れたとき、一人の女性が駆け寄る。名前はヴェロニカといった。しかし、この女性も福音書の受難の場面では書かれていない。

このとき、イエスの近くに寄ることは命を賭けた行いだった。弟子たちにはそれができなかった。「十字架の道行」では、イエスの遺体を引き取るときまで、男の弟子たちの姿は描かれない。道中、イエスに近づいたのは女性の弟子ばかりである。

イエスの時代、女性が虐げられることは少なくなかった。だが、イエスはその文化的常識をも覆したのである。

第十七章　死と復活

肩に食い込むほどに重い、ほどなく自分が磔にされる十字架を背負わされ、イエスは歩いている。今日の聖書学によると、イエスが運んだのは十字架の横木だけで、縦木はすでに、処刑される場所に準備してあった、と考えられている。たどり着いたのは「髑髏《されこうべ》の場所」の異名をとる、ゴルゴタの丘だった。

罪人であるイエスを十字架につけると兵士たちは、まず彼に、ぶどう酒を飲ませようとする。しかし、イエスは飲まない。「兵士たちは胆汁を混ぜたぶどう酒をイエスに飲ませようとしたが、イエスはなめただけで、飲もうとはされなかった」（27・34）とマタイ伝に述べられている。ぶどう酒に胆汁を混ぜることで麻酔薬になる。だが、イエスはそれを摂ろうとしない。その姿はあたかも痛みと苦しみをその身に受けることが自らの役割であると物語っているように映る。

このときイエスは内心で、逮捕される前、ゲッセマネで祈ったときと同じ言葉を繰り返していたかもしれない。「父よ、わたしが飲まなければ、この杯は遠ざからないのなら、み旨が行われますように」（「マタイ伝」26・42）。ここで「飲む」とは、神が与えるものを何一つ拒まないことを指すのだろう。イエスは、目に見える「胆汁を混ぜたぶどう酒」を退け、不可視な悲痛を「飲もう」とする。この一節は先にも見たが、ゴルゴタでの出来事と重ね合わせると、異なる意味の位相が見えてくる。

この「ぶどう酒」をめぐっては、福音書により記述の違いがある。マタイ伝でぶどう酒に混ぜられていたのは胆汁だったが、マルコ伝では没薬になっている。「兵士たちは没薬を混ぜたぶどう酒をイエスに飲ませようとした。しかし、イエスはお受けにならなかった」（15・23）。マタイ伝ではぶどう酒を「なめた」が、ここではそうすることすら拒んでいる。

没薬は、ミルラという別名をもつ薬草で、鎮痛作用があることで知られている。ここでも一種の麻酔薬として用いられている。だがおそらく、理由はそれだけではない。没薬は福音書に何度か出てくる。最初はイエスが生まれたとき、東方の博士が黄金と乳香と共に貢物として持参した高価な、また高貴な薬草だった。

また、ヨハネ伝ではイエスの死後、遺体に没薬を用いようとする光景が描き出されている。迫害を恐れてイエスの弟子であることを隠していたアリマタヤのヨセフが、イエスの遺体を引き取りたいと総督ピラトに申し出、許可される。

ヨハネ伝では次のような記述が続く。

> そこでヨセフは行って、イエスの体を取り下ろした。また、以前、夜中に、イエスを訪ねたことのあるニコデモは、没薬と沈香《じんこう》を混ぜ合わせたものを百リトラほど携えて来た。彼らは、イエスの体を受け取り、ユダヤ人の埋葬のしきたりに従って、香料と一緒に亜麻布《あまぬの》で包んだ。（19・38〜40）

「百リトラ」とは重量の単位で、およそ三十三キロに相当する。大量に準備されたこれらの薬用植物で、イエスは、全身を包まれ、埋葬されたのだった。没薬と沈香は共に、死者を葬るときに用いるもので強い芳香作用がある。今も多くの宗教で行われているように、当時も、香りには時空に働きかける力があると信じられていた。没薬は、エジプトなどでミイラを作るときにも使われた。塗布することで肉体の腐敗を防ぐ働きがあることでも知られている。

残された人は慣習に従って没薬を用いる。しかし、イエスはそれをわが身に取り入れることを拒んだ。福音書ではひとたび埋葬されたあと、イエスの遺体が描き出されることはない。没薬が入ったぶどう酒にはまったく口をつけず、強くそれを否むイエスの姿勢は、死のあと遺体であり続けることを自ら否定する行為のように映る。また、この行為はそのまま、復活の暗示となっている。

さらにルカ伝になると、この薬草をめぐる光景はより鮮烈になる。以下の文中で女性たちが手にしていた「香料」もまた、没薬あるいは没薬と沈香であると考えられる。

> さて、週の初めの日、明け方早く、婦人たちは用意しておいた香料を持って墓に来た。見ると、石が墓から転がしてあった。中に入ってみると、主イエスの遺体は見あたらなかった。そこで彼女たちが途方に暮れていると、突然、輝く衣を着た二人の人が彼女たちのそばに現れた。彼女たちが恐れおののいて、地に顔を伏せていると、二人が言った、「なぜ、生きておられる方を死者の中に捜すのか。その方はここにはおられない。復活された。まだガリラヤにおられたころ、あなた方に仰せになったことを思い出しなさい。「人の子は罪人《つみびと》たちの手に渡され、十字架につけられ、三日目に復活する」と、仰せになったことを」。（24・1〜7）

「輝く衣を着た二人の人」は天使である。福音書では、輝く姿と共にそれを見た女性たちが最初に感じている感情が畏怖と戦慄であることが、天使であることの証しになっている。ここで「香料」と記されている植物はすでに単なる物質ではない。雄弁なる沈黙のコトバとなっている。植物がそこにあることが、死者への敬意を意味している。

しかし、天使は死ではなく、新たなる生への畏怖を求める。人間はイエスを埋葬しようとする。だが、その姿を見た天使は、「なぜ、生きておられる方を死者の中に捜すのか」と人間の想いを根柢から覆すような言葉を発する。死は終わりではない。むしろ、新たなる生の始まりであると告げるのだった。

＊

十字架にイエスが磔にされたのは午前九時だった、とマルコ伝には記されている。罪状書きには「ユダヤ人の王」と記されていた。「王」であるイエスが民のためにわが身を捧げたことを、裁いた者すら告白せざるを得なかった事実を福音書は伝えている。

民が王のために命を捧げるのではなく、王が民のために命を捧げる。西洋にはほとんど見られないことだが、東洋には巫祝《ふしゅく》王という伝統がある。王であると同時に巫者である者は、国と民が危機に瀕したとき、文字通りわが身を供物にして、天に意を伝えた。そうした王の行為を白川静は、『孔子伝』にこう記している。王の名は湯《とう》という。

> 九年もうちつづいた大旱のとき、湯はみずから犠牲となって雨を祈った。犠牲者は髪を切り、爪を断ち、積薪の上に坐して、焚殺されるのである。湯はその聖処である

桑林の社に祈って、その儀礼を実行したが、さすがに聖王の祈りには感応があって、

そのとき沛然《はいぜん》たる雨が降ったという。

ここで白川が語っている「犠牲」、あるいは「犠牲者」は、被害、被害者とはまったく関係がない。むしろ、ここでは「犠牲」はほとんど「聖」と同義である。それは同時に新約聖書を貫いている霊性でもある。「聖は人間最高の理想態とされた」と白川は自ら編纂した辞書『字通』に書いている。「聖」者は「天」と交わることができた。聖人孔子に巫《ふ》覡《げき》の血が流れていると考える白川が、その伝記でしばしばイエスに言及するのは必然だった。イエスの生涯には確かに白川がいう東洋的な「天」と「聖」の伝統が生きている。

十字架につけられたイエスの横には左右に一人ずつ強盗が、同じく磔刑《たっけい》に処せられた。無力なイエスの姿を見て、人々は罵声を浴びせる。神殿を壊して三日で建て直すと言った者が、わが身を救うことすらできないではないか。十字架からおりてくるがよい、そうすればお前の言葉を信じるだろうとも言った。マルコ伝には「イエスとともに十字架につけられていた者たちも、イエスをののしった」（15・32）と書かれている。同様の記述はマタイ伝にもある。

だが、ルカ伝は異なることを伝えている。イエスをののしったのは二人の強盗のうち一人だけで、もう一人の男はむしろ、イエスに義なる者の姿を見たと伝えている。その男は、

無力な、また悲惨な姿をし、罪人として裁かれたイエスに「神」の面影を見ている。この男は、暴言を吐く者に向かって言った。

> お前は同じ刑罰を受けていながら、まだ神を畏れないのか。われわれは、自分のやったことの報いを受けているのだからあたりまえだが、この方は何も悪いことをなさってはいない。（23・40〜41）

ルカ伝によれば、イエスに「神」の働きを認め、口にしたのは、この強盗として死刑に処せられた罪人であることになる。この記述は、イエスがこの世に生まれたことの秘義は、罪を悔いる者にはっきりと認識されることを示している。

　正午になり、空は、暗くなった。それは三時まで続いた。「闇が全地を覆い」とマタイ伝には記されている。また、ルカ伝では「太陽は光を失った」と述べられている。「太陽」は光源であると共に万物を生かす働きでもある。闇を現出させるのも光の収斂である。また万人に差別なくその力を注ぐ。イエスの存在を「太陽」に比することは彼を信仰する者たちに宿った霊性の一つだったのだろう。第一章で述べたように、今日クリスマスとして祝っている十二月二十五日は、ローマ帝国下の太陽神の祭典だった。太陽が消えたことはイエスの死を思わせる。確かに太陽はひとたび見えなくなった。だが、太陽が失われたのではない。イエスは死ぬ。しかし、彼が世界から失われたのではないことも同時に意味している。見えないことと存在しないことは根本的に異なることも、この太陽の隠喩は私たちに教えている。

闇の中でイエスが大声で叫ぶ声がする。「エリ、エリ、レマ、サバクタニ」。それは「わたしの神、わたしの神、どうしてわたしをお見捨てになったのですか」を意味する。この世に人間の姿をして存在するイエスは、あまりの苦痛に、なぜ自分を見捨てるのかと絶叫し、神に問う。しかし、彼はわが身の痛みと苦しみを、どこまでも受け入れなくてはならないことも知っている。そこに救いの業《わざ》が実現することも、彼は熟知している。そのために自分が生まれてきたことを忘れたことなどなかっただろう。

もし、ここでイエスが荒々しいまでに呻吟《しんぎん》することなく逝ったとしたら、その福音は今日のように広まることはなかったに違いない。神に対する絶対の信頼と、耐えがたい苦痛による、ほとんど呪詛《じゅそ》のような呻きは矛盾しない。このときイエスは神を疑っているのではなかった。むしろ、神がすべてを受け入れることを知るからこそ、彼は大地をつんざくような声で叫ぶのである。

神への深い信仰があれば、すべての悲痛を甘んじて受け入れることができるはずだという、ほとんど空想のような妄念を、このイエスの一言は打ち砕いてくれる。人はどこまでも苦痛を訴えてよい。むしろ、その営為が神との関係を築き上げていく。人は苦しみ悶えるとき、どこかでそれを受け止める者の存在を感じている。深みから湧き起こる呻きとは、祈りの異名である。

「エリ、エリ、レマ、サバクタニ」と叫ぶ声を聞き、ある人はイエスが預言者エリヤを呼んでいると言った。「エリ、エリ」との声がエリヤを招来する言葉に聞こえたのだった。その声を聞いた一人は、畏怖の思いに駆られたのだろう。薬草を混ぜたぶどう酒を海綿に含ませ、葦の棒の先にくくりつけ、イエスに飲ませようとした。しかし、別の者は、何か珍しいものでも見るように「待て。エリヤが救いに来るかどうかを見ていよう」と語った。ここでも畏怖と敬虔はほとんど同義であることが示されている。同時に、畏怖を忘れた人間の愚劣さもまた如実なまでに描き出されている。エリヤは来ない。ほどなくしてイエスは再び大きな声を上げて、息を引き取った。

*

このとき、イエスが何を言ったのかはマルコ伝、マタイ伝には記されていない。この二つの福音書より成立が遅いと考えられるルカ伝では「父よ、わたしの霊をみ手に委ねます」（23・46）と語ったとされ、ヨハネ伝では「渇く」、さらに「成し遂げられた」と言った（19・28、19・30）と述べられている。最期の声を聞いたのは誰か。イエスの死の証人となったのは誰か。十二人の弟子たちではない。先に見たように彼らは自分も連座することを恐れ、姿を隠している。誰にせよ、この事実をイエスの死後、残された教団の人々に伝えた人物が確かに存在する。

共観福音書では、ある強い可能性が示唆されている。イエスが逝くと、「聖所《せいじょ》の垂れ幕が真ん中から二つに裂けた」（23・45）とルカ伝は伝える。イエスを磔にした百人隊長は、これらの現象を目の当たりにして、「神を賛美」し、「まことに、この方は正しい人だった」と語った（23・47）というのである。

マタイ伝、マルコ伝でも百人隊長は証言者として描かれ、発せられた言葉は「まことに、この人（方）は神の子であった」だった、と記されている。弟子ではなく、イエスを裁き、磔にした異邦人によって、彼が神の子であることが告白された、と福音書が伝えていることは注目してよい。

男性の弟子たちは十字架のそばにいなかったが、女性の弟子たちは処刑される場に居合わせていた。共観福音書では「遠くに立ち」、十字架上のイエスを見守っていたと記されている。ヨハネ伝の記述はいっそうなまなましい。女性たちは「十字架の傍ら」にたたずんでいたと書かれている。女性たちとは、イエスの母マリアとその姉妹、クロパの妻マリア、そしてマグダラのマリアである。マグダラのマリアが、実の娘のようにイエスの母であるマリアにつき従って生きていたことが分かる。クロパが誰であるかは分からない。その妻マリアがイエスの姉妹であるとする説もあるが、はっきりしない。

　マグダラのマリアは娼婦だったとされている。だが、ルカ伝とマルコ伝に、イエスによって七つの悪霊から救われた、と書かれているだけでほかの福音書にそのような記述はない。

　現代人がマグダラのマリアに関して知っている情報はほとんどが福音書以外の文献、あるいは絵画などの芸術作品によっていることは改めて考えてよい問題をはらんでいる。根も葉もない流言だというのではない。誰もマグダラのマリアがどんな容姿をしていたかを知らない。それにもかかわらず、福音書には記されることのなかった彼女の姿が時空を超えて、芸術家たちの手で表現され、見た者がそこに何かを感じるということに驚くのである。

　彫刻家舟越保武《ふなこしやすたけ》が作ったマグダラのマリアの像を見たことがある。二つの、まったく姿が異なるマグダラのマリアを見た。舟越の父は敬虔なカトリックで、彼も三十八歳のときに洗礼を受けている。生まれて間もない息子が亡くなったことがきっかけだった。舟越は晩年、脳梗塞《のうこうそく》で倒れ、右半身が不自由になった。それからしばらくして彼は左手で彫刻を始める。このとき彼が一度ならず作ったのがイエス像であり、また、マグダラのマリアだった。ことにイエス像を彼は、右手が使えたときには作っていない。

　それらの作品には、かつての像にあったような流麗な曲線はない。彼は左手にもったへラで、彫るというよりも粘土をそぎ落としながら作る。あたかも、すでに粘土の塊の中には彫り返すべき像が宿っているかのように作ってゆく。倒れる前の舟越は、清廉でありながらも、魂の焔《ほのお》を感じさせる作品群を作ってきた。焔は宿っているのだが秘められている。像を見たとき、その者の内に焔が飛び火する、そんな作品を作ってきた。だが、左手で作るようになってからは違う。不可視な焔は作品全体を包んでいる。

両手で作ったマグダラのマリアは清楚な美を体現している。しかし、左手で作ったマリアは悲しみのあまり形相が著しく変化している。悲痛のあまり肉体から魂が飛び出しそうになっている。何も説明は付されていないのだが、その目には十字架上で絶命したイエスの姿が映っていることは瞭然としている。

左手で作った舟越の像は、彼女をめぐって書かれたどの文献よりも力強く迫ってきた。その像を見ることで、これまで文字の形をした言葉を通じてしか理解することができなかったマグダラのマリアが動き始め、そればかりか何かを語るようにさえ思われた。「渇く」「成し遂げられた」との声を聞いたのもマグダラのマリアだった可能性はある。舟越の像を見ているとそう強く思われるのである。

さらに、ヨハネ伝によると、復活したイエスは、ペトロをはじめとした十二弟子ではなく、最初にこの女性の前に現れたことになっている。

後ろを振り向くと、そこにイエスが立っておられるのが見えた。しかし、それがイエスであるとは気がつかなかった。イエスは彼女に仰せになった、「婦人よ、なぜ泣いているのか。誰を捜しているのか」。マリアは〔墓のある〕園の番人だと思って言った、「あなたが、もしあの方を運び去ったのでしたら、どこに置いたのか、教えて

舟越保武『マグダラ』（1990年）
所蔵・写真提供：岩手県立美術館

ください。わたしがあの方を引き取ります」。イエスは、「マリア」と仰せになった。マリアは振り返って、ヘブライ語で、「ラボニ」――つまり「先生」――と言った。（20・14～16）

師と弟子の間で交わされるこの素朴な応答は、多くを語ることがなくても二人はこころを通い合わすことができたことを伝えている。彼女はいつも師を思った。自分よりも深く他者を思うことはある。

思う他者が絶対者となるとき、その営みを信仰というのだろう。マグダラのマリアは信仰の人だった。彼女はペトロのようにわが身を賭すとは言わなかったが、いつでもその身を捧げる準備があった。十字架の傍らにまで進み、イエスの死を看取っていることだけで十分な証しだろう。同時に彼女は悲しみの人だった。悲しみに包まれるときにこそ人は、すでに姿が見えない、愛する者の臨在をはっきりと感じ得ることを知っているようにも思われた。悲しみを慈しむことが慈悲なら、マグダラのマリアは文字通り、慈悲の人だった。

死後、いつ、誰の前にイエスが現れたかは、残された弟子たちの間では大きな問題だった。その重大さを伝えるのは福音書ではなく、パウロの書簡だ。

わたしがまず最も大切なこととしてあなた方に伝えたのは、わたしも受け継いだも

> のです。すなわち、それはキリストが、聖書に書いてあったとおりにわたしたちの罪のために死んでくださったこと、葬られたこと、また、聖書に書いてあったとおりに三日目に復活したこと、そして、ケファ〔ペトロ〕に現れ、次いで十二人に現れたことです。それから、五百人以上の兄弟に同時に現れました。そのうちの大多数の人は今なお生き残っていますが、死の眠りに就いた人もいます。その後、ヤコブに、次いですべての使徒たちに現れ、最後には、月足らずで生まれた者のようなわたしにも現れてくださいました。（「コリントの人々への第一の手紙」15・3〜8）

イエスはまず、ペトロに現れ、十二人の使徒たち——使徒言行録によると、ユダの没後、マティアがその列に加えられた——の前に、それだけでなく五百人の人々が集まるところにすら、姿を現したとパウロは言う。

ここで述べられていることは、先に見たヨハネ伝の認識と明らかに異なる。まったく言及されていないことからも明らかなように、パウロはイエスの顕現においてマグダラのマリアに重きを置いていない。

ほかの福音書の記者たちにも、ヨハネ伝に描かれていたのとまったく同様の認識があったのではない。マルコ伝ではヨハネ伝と同じく、イエスが最初に現れたのはマグダラのマリアとされている。マタイ伝でもイエスが最初に現れたのは彼女を含む女性たちである。

だが、ルカ伝は違う。名前は記されていないがエマオへ向かう道中、ある二人の弟子の前にイエスが現れた。それと同じころ、ペトロの前に、そして、ほどなく十二人の弟子たちの前にイエスが顕現したことが暗示されている。

現代の聖書学はルカ伝の記者をパウロに近しい人だったと考えている。それは事実だろう。だが、ルカ伝におけるマグダラのマリアは、見過ごすことのできない重みをもった存在として描かれている。イエスが最初に現れたのはたしかにペトロだった。だが、天使によって、イエスの復活を最初に伝えられたのはマグダラのマリアを含む三人の女性たちだった。さらに天使は彼女らに、使徒たちにも師の復活を伝えよと告げる。だが、女性たちが天使から託されたことを伝えても使徒たちは、一向に信じようとしない。「使徒たちには、この話はたわごとのように思われたので、彼女たちを信用しなかった」（24・11）と記されている。

こう書き記すことで、ルカ伝の記者は、女性たちの立場をおとしめようとしているのではない。むしろ、男たちの頑迷さを表そうとしている。だが、ペトロ一人だけはこの話を聞き、墓へ走ってゆく。すでに遺体はなく、イエスを包んでいた亜麻布だけが残されていたのを見て、ひどく驚き、家に戻った、と書かれている。

当初はペトロも女性たちの言葉を素直に受け入れることができなかったのかもしれない。ほかの弟子たちは黙殺したが、ペトロだけは違った。ほとんど本能的に彼は真実の響きを聞き取っている。ペトロはイエスを見捨てたことを、一瞬たりとも忘れたことなどなかったことが「走っていった」との記述からも感じ取ることができる。ヨハネ伝が伝えるイエスとペトロの三度目の邂逅は底知れない悲しみと同時にその悲しみをいっそうの深みから支える情愛に満ちている。

> イエスは三度仰せになった、「ヨハネの子シモン、あなたはわたしを愛しているか」。ペトロは三度も、「あなたはわたしを愛しているか」と尋ねられたので、悲しくなった。そして、言った、「主よ、あなたは何もかもご存じです。わたしがあなたを愛していることを、あなたはご存じのはずです」。（21・17）

夜、師が捕らえられ、朝を迎えるまでにペトロは三度、師を知らないと言った。ここでもイエスはペトロに三度、自分を愛しているかと尋ねる。三度目に同じことを訊かれたときペトロの胸は悲痛で張り裂けそうだっただろう。するとイエスはこう言った。「わたしの羊を養いなさい」。自分に注ごうとするすべての愛を眼前の他者に与えよ、とイエスはペトロに言う。あなたが本当に師である自分を愛しているのなら、師がそうしたように苦しむ隣人を愛せと言うのである。最後にイエスはこう言った。「わたしに従いなさい」（21・19）。このときの「わたし」はすでに、この世にあって肉体をもっていたイエスではない。十字架上の死からよみがえった復活のイエスである。

＊

ヨハネ伝は次の一節で終わる。

　イエスの行われたことは、このほかにもたくさんある。その一つ一つを書き記すなら、世界さえも、その書かれた書物を収めきれないであろうと、わたしは思う。

（21・25）

福音書には、現代人が考える論証を最初から拒むような記述がある。この書物は読む者に、文字を追う目とは別な、もう一つの目を見開くことを強く促している。言語としての言葉の奥に、裸形の意味そのものとなった、隠された文字があることを暗示している。それは読む者の魂の中にだけ顕われる不可視なコトバである。

また、このときコトバと復活のイエスは同義である。福音書がそのコトバにふれる者のうちに生きているように、イエスもまた、コトバとして今も私たちの傍らに生きている、それが福音書を書いた者たちの信仰告白だった。

単行本へのあとがき

この本は、編集者のふとした一言から生まれた。むしろ、その言葉がなければけっして生まれることはなかった。私の最初の著作『井筒俊彦　叡知の哲学』（慶應義塾大学出版会、二〇一一年）が刊行されてから、さほど時間が経っていない頃のことだった。それを読んだ中央公論新社の小野一雄氏が、井筒俊彦とは時代も文化背景もまったく違う人物の生涯を論じてみませんか、と声をかけてくれたのだった。そのとき彼は、「たとえば、イエスとか」と言ったのである。

人生においてイエスと、ある深度の交わりをもった書き手なら、いつかイエス伝やそれに近似する著述を書いてみたいと一度は思うのではないだろうか。本文中でもふれたが、ジョルジュ・ベルナノスのように、その実現を強く願いつつ、果たせないまま逝った人物も少なくない。ドストエフスキーもそうしたひとりだったのである。

これまで日本では、研究者や小説家によるイエス伝の試みはあった。しかし、批評家が一冊の本をもってイエスの生涯を論じたことはなかったように思う。

越知《おち》保夫《やすお》（一九一一～六一）という批評家がいる。小林秀雄論や和歌や能をめぐる古典論をはじめとした優れた作品を書きながら、一冊も著作を残さないまま亡くなった。私は、十代の終わりにこの人物の作品に出会ったことにより、批評家であることを志した。

彼はカトリックのキリスト者だったが、若き日のある時期、彼は左翼運動に身を投じたことがある。ほとんど棄教に近いような決断を経て、一介の左翼の活動家として生きたのは、当時、教会が見過ごした民衆の悲しみのなかにイエスが生きていることを深く感じたからだった。彼の見たイエスは、教会に留まっているような人物ではなかった。彼のイエスは、人が自分のもとを訪れるのを待つ人物ではなく、苦しみと悲しみを生きる人のところへ赴く者だったように思われる。

結核という病魔に襲われた彼は、ある時期、作品を書くことができなくなってしまう。そうした彼が再び筆を執るきっかけとなったのは、画家ルオーがイエスの受難を描いた作品を論じる文章によってだった。彼にとってルオーは、絵画によってイエスの生涯を描き出した人物にほかならなかった。病がそれを許さなかったが、イエスの生涯を書くことは、おそらく越知の悲願でもあっただろう。

批評家には小説家の眼とは異なるイエスの生涯が描けるのではないか。ことに現代のようなさまざまな文化や歴史、霊性が交わる時代においては、それらを有機的につなぐ批評の形式こそがイエスの姿を浮かび上がらせることができるのではないか。それは越知をはじめて知った頃から感じていたように思う。

二〇一四年三月、師が亡くなった。カトリック司祭の井上洋治《いのうえようじ》である。神父と出会ったのは、もう四半世紀以上前だが、当時から彼は、イエスの生涯を書きあげるのが、物を書く自分の目標なのだと語っていた。越知保夫の存在を教えてくれたのも師である。神父には『わが師イエスの生涯』（『井上洋治著作選集』第四巻、日本キリスト教団出版局）と題する著作がある。

彼と遠藤周作は、文字通りの意味における親友だった。小説家、神父という、まったく別なところで生きたが、二人は、いかにして日本人の霊性にイエスの教えを根付かせることができるかを共に考え、語った同志だった。遠藤周作にも彼にしか書けない『イエスの生涯』と題するイエス伝がある。

これらに描かれているイエスの姿は、これまで語られてきた従来のイエスよりも身近に感じられ、イエスの像もはっきりと浮かび上がってきた。しかし、片方では自分が感じているイエスとは異なるようにも思われた。

考えてみれば当然なのである。イエスと出会った者の心の内には、誰にも「私のイエス」の姿が刻まれている。井上と遠藤の著作が優れているのは、彼らのイエス像を読者に強いるのではなく、読み手にも個々の「私のイエス」があることを想い出させてくれたところにある。

もちろん本書も、唯一のイエスの像を示そうとするものではない。むしろ、イエスは、誰の前にも心を開く人物であることを描いてみたかったのである。

本書が誕生する間、先行者や友の言葉、連載中から強い関心を示してくれた読者の皆さんにも深く励まされてきた。また、二十余年来の友人でもある東京大学准教授山本芳久氏には、連載時から事実の認識や文献理解において重要な助言をもらった。ここで改めて謝意を伝えたい。

先にもふれたが、編集者である小野氏の働きがなければこの本は生まれることも、雑誌に書き続けられることもなかった。本書は二〇一三年五月号から二〇一四年九月号まで『中央公論』に掲載された文章をもとにしている。

装丁は菊地信義氏にお願いすることができた。振り返ってみると岐路になるような作品はいつも菊地氏の装丁によって送り出されているように思われる。

一冊の本が生まれるところにはいつも、有形、無形のさまざまな支えがある。すべての協同者に感謝を送りたい。

二〇一五年十一月十二日　無数の助力者たちへの感謝とともに

若松英輔

イエスの涙と悲しみの石――あとがきに代えて

『イエス伝』を世に送ることを決めたとき、未完のまま手放さなくてはならないのだと思った。イエスの伝記において書き終える、ということはあり得ない。シュヴァイツァーや塚本《つかもと》虎二《とらじ》のような人でも、イエス伝研究に生涯の多くの月日を割かねばならなかった。そして、終わりがないことが自然であることも「ヨハネによる福音書」の最後の言葉がそれを暗示している。

　イエスの行われたことは、このほかにもたくさんある。その一つ一つを書き記すなら、世界さえも、その書かれた書物を収めきれないであろうと、わたしは思う。
（21・25）

　イエスが行ったことを、言葉の器で受け止められるのはごくわずかだというのだろう。哲学者井筒俊彦がいうコトバ、言語を包み込みながら、それを超える意味の顕われをもってしか、それに近づくことはできないのかもしれない。

しかし、ここで考え直してみたいのは、イエスの生涯を論じることが終わりなき旅である、ということではない。そのことは書き始める前から分かっていた。

当時の私には、ある特定の問題があった。イエスの誕生からその死までは書き終えた。しかし、もっとも重要な問いの一つであると分かりながら、言葉によって参与することのできないことがらがあった。それはイエスの涙という問題である。『福音書』にはイエスが涙を流す場面が一度だけ描き出されている。

> マリアはイエスのおられる所に来ると、イエスを見るなり、足元にひれ伏し、「主よ、もしここにいてくださったなら、わたしの兄弟は死ななかったでしょうに」と言った。イエスは彼女が泣き、一緒に来たユダヤ人たちも泣いているのを見て、心に憤りを覚え、張り裂ける思いで、「ラザロをどこに置いたか」とお尋ねになった。彼らは、「主よ、来て、ご覧になってください」と言った。イエスは涙を流された。ユダヤ人たちは、「ああ、何とラザロを愛しておられたことだろうか」と言った。しかし、中には、「目の見えない人の目を開けたこの人も、ラザロを死なせないようにはできなかったのか」と言う者もいた。（「ヨハネ伝」11・32〜37）

ここに引いた一節は、本書の扉にも引かれている。そこに言葉を書き添えることができないとしても、この一節に出会い、立ち止まっていることは刻印しておきたいと思った。これほどまでに打たれながらも、語る言葉を持てないという出来事を忘れたくないという思いもあった。

『福音書』の解釈は無数にある。この個所をめぐっても、少し調べれば、いくつもの解釈に遭遇するだろう。だが、そうしたことはあえてしなかった。「ヨハネ伝」をめぐる論考を読んでも、この問題にふれるようなときは、無意識に本を閉じていたようにも思う。問題は、解答を見つけ出すことではなかった。自分を偽ることなく、先の一節に応答できなければ意味がないことだった。

単行本の刊行は二〇一五年十二月だから、七年が経過したことになる。イエスの涙はいつも念頭にあった。『聖書』を手にするたびに、応答できていない問いが静かに想起された。

もちろんイエスは、死が存在の消滅ではないことも、永遠の別離ではないことも知っている。イエスがラザロを愛していたことは確かだろうし、早く訪れた死を強く惜しむ気持ちもあっただろう。

哲学者の九鬼《くき》周造《しゅうぞう》が、「情緒の系図」という和歌を哲学的に解釈する論考のなかで、古語の「惜《お》し」という言葉にふれ、どこまでおもいを尽くしても尽くしきれない心情のことであると語っている。そして「惜し」は「愛《お》し」でもあると述べている。亡くなったラザロを前に、こうした心情がイエスを包んだとも考えられる。『イエス伝』執筆当時もそうしたことなら思いを馳《は》せたこともある。

だが、そうした場所をいくら掘っても解答めいた事象が現れては消えるだけで、存在の深みから響いてくる、確かな応答を感じることはできなかった。「読む」とはいつも、ある種の「誤読」であると書いたのは井筒俊彦だが、彼の言葉が正鵠を射たものであったとしても、応答なき誤読は、けっして創造的誤読には至らない。

亡きラザロを前にして、人々はイエスの無力を指摘する。奇蹟の人も、その力が死にまでは及ばないのかとあげつらう。よく知られたように、このラザロは息を吹き返す。周囲の人は驚嘆というより驚愕し、言葉を失っただろう。だが、この出来事の本質は、ラザロの蘇生よりも、やはりイエスの涙のほうにあるように思われる。

現代人には容易に受け入れがたいだろうが、文字通りの意味でラザロがここで蘇ったとする。しかし、その後、ラザロはやはり亡くなったのである。イエスが繰り返し語った永遠のいのちは、ここでラザロに起こったこととは性質を異にする。

いっぽう、イエスの涙は、その場で大地に吸い込まれて消えて行った。しかし、それゆえに、過ぎ行く時間ではなく、過ぎ行かない「時」の世界の出来事になったのではなかったか。さらにいえば、この涙こそ、もっとも深い意味での奇蹟のようにすら感じられる。

「悲しみ」もまた「愛《かな》しみ」と書くようにイエスもまた、ラザロの死を前に悲痛に終わらない「愛しみ」を覚えたことは疑い得ない。しかし、それゆえに流されただけの涙ではなかったのではあるまいか。むしろ、あの涙は、イエスの涙というよりも、マリアはもちろん、「一緒に来たユダヤ人たち」のそれではなかったか。

悲しい人は泣いているというのは一面の事実に過ぎない。悲しみが深まれば、涙することも声を上げて泣くこともできなくなることがある。「無声慟哭」という宮沢賢治《みやざわけんじ》の詩は、悲しみの矛盾と秘密を精妙に言い当てている。悲しみが極まったとき、涙が涸《か》れ、沈黙の嵐が胸を吹き荒れる。

イエスが泣いたのは、泣くことができないでいた人の心を映しとったからだったのではないだろうか。名無き者たちの、その本人たちさえも忘れていた涙だったのではないだろうか。イエスが泣く姿を見て、自分も泣いてよいのだと忘れていた涙を瞳から、あるいはその胸のなかに落とした人も、あの場所にいたように思えてならない。先のヨハネ伝の言葉は、そうした光景を二千年後の読者に喚起させる力を秘めている。

誰かの心を映しとる、このことにおいてイエスは、想像を絶するちからを有していた。私の師である井上洋治が、幾度となくそう書き、また、語りもした。彼が遺した祈りにも、そうしたイエスに倣いたいという悲願が記されている。彼の最初の著作であり、代表作でもある『日本とイエスの顔』には、次のような一節がある。

> イエスの心は、完全に永遠の生命―場に感応し、神の愛に充満して、太陽の光を受けて輝く透明にすんだ水晶のようでした。だからこそ、人間の心の哀しみや重荷をそのままの己れの心に映しとることができたのであり、血と泥にまみれた一見もっともみじめな人間の姿となって、カルワリオの丘の上で倒れたのでした。(『日本とイエスの顔』)

人々は、イエスが自分の苦しみや嘆きを背負って生き、亡くなっていったことを知らなかった。それは近くにいた弟子たちにおいても変わらない。イエスが涙を流したのは、あのときだけだったとしても、彼の胸の中では、見えない涙が止むことはなかっただろう。

イエスは神であり、完全な存在だから悲しみに心をおおわれることなどない、そう考える人がいるかもしれない。しかし、そうした考えとは別なところからイエスの悲しみを見つめる人がいる。中世ドイツカトリックの司祭であり、神秘家でもあったマイスター・エックハルトはある説教で、悲しむイエスをめぐってこう語った。

> 愛や悲しみに動かされえないほど偉大であった聖者はいまだかつてひとりもいなかったとわたしはあえて言う。しかし同時にもちろんのこと他面において、聖者である

ならば、この世の生にあって何ものも聖者を神から引き離すことができないまでにいたっている人々であることもわたしは承知している。あなたがたは、自分が言葉によって喜びや悲しみへとゆり動かされるかぎり、まだ完全ではないと思っているのではないだろうか。けっしてそんなことはない。キリストですらそのようないみの完全さは持ち合わせなかった。「わたしの魂は悲しみのあまり、死ぬほどである」（マタイ二六・三八）という彼の嘆きがそれを語っている。（「観想的生と活動的生とについて」、『エックハルト説教集』田島照久編訳）

悲しみを感じることと悲しみに溺れることを峻別することを説いたのはブッダである。悲しんでよい。しかし悲しみに飲み込まれてはならない、というのである。イエスは誰よりも深く悲しみを感じたといえるのかもしれない。

しかし彼は、悲しみに身を任せることはなかった。悲しみに溺れるとき、人は、他者の悲しみを心に映しとることはできない。むしろ、これほど悲しんでいるのは、自分だけであるかのように信じ込む。

イエスに言葉ではなく、涙を託した人たちにも、語りたいことも、語るべきこともあった。しかし、それは私たちの耳に聞こえ、目に見えるかたちでは実現しなかった。彼らの存在は、ある人たちには「石」のように感じられたかもしれない。イエスにはまったく異なるように感じられた。真実は、どんなに固く封じ込められてもコトバによって語り始める、とイエスはいう。

さて、イエスがオリーブ山の下り坂にさしかかられると、弟子たちの群れはみな、自分たちが見たすべての奇跡について、喜びのうちに、声高らかに神を賛美して言った、

「主の名によって来られる方、
王に祝福があるように。
天には平和、
いと高き所には栄光」。

すると、群衆の中にいた数人のファリサイ派の人がイエスに、「先生、あなたの弟子たちを叱りつけてください」と言った。イエスは答えて仰せになった、「あなた方に言っておく。もし彼らが黙れば、石が叫ぶであろう」。(「ルカ伝」19・37〜40)

奇蹟とは、滅多に起こらないことであるように思われているが、それは奇蹟の、いくつかある性質の一つに過ぎない。奇蹟とは、神の愛のほとばしりであるとしたら、私たちが気が付かないところで常に生起しているのかもしれない。

亡くなったラザロのもとを訪れたイエスが、涙を流すのを目撃した人のなかには、その出来事にすら神の愛の発露を見た者がいたように思う。

高き意味における「貧しさ」には神の国への扉が秘められている。「山上の説教」と呼ばれる話のなかでイエスはそう語った。「貧しさ」だけではない。「悲しみ」の経験のうちにも彼方の世界へと私たちを導く道は存在している。

自分の貧しさを知る人は幸いである。
天の国はその人たちのものである。
悲しむ人は幸いである。
その人たちは慰められる。
柔和な人は幸いである。
その人たちは地を受け継ぐ。
義に飢え渇く人は幸いである。
その人たちは満たされる。
憐れみ深い人は幸いである
その人たちは憐れみを受ける。
心の清い人は幸いである。

その人たちは神を見る。（「マタイ伝」5・3〜8）

人は、探しているものを見出す。無を求めた者が、無を見出したとして、何の不都合があろう、と語ったのはエックハルトである。

こう語ることで彼は、人間の愚かさをいさめているだけではない。真に探究することができれば、私たちもまたイエスと同じように「神を見る」に至るというのである。

＊

内村鑑三に学んだ藤井《ふじい》武《たけし》という人物がいる。内村は弟子という表現を好まなかったから高弟という表現も適切ではないのだろうが、内村と藤井のあいだにはそう呼びたくなる関係があった。無教会の伝導者でありながら、同時に神学者であり、詩人でもあった。

弟子は懸命になって師を探す。しかし、師になる人物もまた、弟子が師を探すのとは別種の方法で、自分の言葉とコトバを受け取ってくれる人を探しているのである。

藤井は、内村が亡くなった一九三〇年に四十二歳で亡くなった。没後、彼の全集が編まれたとき、同じく内村門下であり、藤井の親友でもあった矢《や》内原《ないはら》忠《ただ》雄《お》が、『藤井武全集』序文で、藤井の著作をめぐって印象的な言葉を残している。

元来藤井武は広く読まるべき著者ではない。深く読まれるべき人物である。彼は年代の経過するに従ひて、ますます深く読まれるであらう。（「再刊に際して」〔第二次全集序文〕）

『イエス伝』を書きながら、幾度もこの言葉を思い出した。そして、そうあれと願わずにはいられなかった。

深く読むとは熟読することばかりとは限らない。この本に置かれた言葉との出会いに人生の深まりを経験する人がいれば、たとえ全編を繙かなくても深く読まれたといってよいのではあるまいか。

文庫版の刊行に際しても、単行本のときと同じく、小野一雄さんと仕事ができた。彼との出会いがなければ、この本は生まれなかった。新しい旅立ちを迎えられることを本当にうれしく思う。

装丁は、菊地信義さんが作成してくれた姿を残した。広瀬奈々子監督のドキュメンタリー映画『つつんで、ひらいて』のはじめには、単行本の『イエス伝』の装丁を作成する印象的なシーンがある。何度となく見たのだが、今となっても自分がかかわった本のような気がしない。編集が見えない文字でコトバを「書く」ことであるとしたら、装丁は、眠れる意味に息を吹き込むことのようにさえ感じられた。
この本を小野さんとともに菊地さんに捧げたいと思う。

二〇二三年十一月二十三日

若松英輔

引用・参照文献

荒井献編『新約聖書外典』講談社文芸文庫、一九九七年
井筒俊彦「TAT TVAM ASI（汝はそれなり）」、『井筒俊彦全集』第十巻、慶應義塾大学出版会、二〇一五年
井筒俊彦『意識と本質』、『井筒俊彦全集』第六巻、慶應義塾大学出版会、二〇一四年
井筒俊彦訳『コーラン』全三巻、岩波文庫、一九五七～五八年
井筒俊彦『神秘哲学』、『井筒俊彦全集』第二巻、慶應義塾大学出版会、二〇一三年
井筒俊彦「創造不断――東洋的時間意識の元型」、『井筒俊彦全集』第九巻、慶應義塾大学出版会、二〇一五年
井上洋治『日本とイエスの顔』、『井上洋治著作選集』第一巻、日本キリスト教団出版局、二〇一五年
岩下壮一『信仰の遺産』岩波文庫、二〇一五年
岩下壮一「キリスト教に於ける司祭職」、『信仰の遺産』所収
岩下壮一「キリストを見直す」、『信仰の遺産』所収
内村鑑三「キリストと聖書」、鈴木俊郎編『内村鑑三所感集』岩波文庫、一九七三年
内村鑑三「宗教と農業」、山本泰次郎編『内村鑑三信仰著作全集』第十四巻、教文館、一九六三年
内村鑑三「ホ　エルホメノス（かの、来たりつつある者）」、山本泰次郎編『内村鑑三信仰著作全集』第十三巻、教文館、一九六二年
『エックハルト説教集』田島照久編訳、岩波文庫、一九九〇年
エリアーデ、ミルチア『シャーマニズム』全二巻、堀一郎訳、ちくま学芸文庫、二〇〇四年
遠藤周作『イエスの生涯』新潮文庫、一九八二年
遠藤周作『沈黙』改版、新潮文庫、二〇〇三年

オットー、ルドルフ『聖なるもの』久松英二訳、岩波文庫、二〇一〇年
神谷美恵子『生きがいについて』、『神谷美恵子コレクション』みすず書房、二〇〇四年
近藤宏一『闇を光に――ハンセン病を生きて』みすず書房、二〇一〇年
佐竹昭広「「見ゆ」の世界」、『国語国文』一九六四年九月号。今西祐一郎・出雲路修・大谷雅夫・谷川恵一・上野英二編『佐竹昭広集』第二巻、岩波書店、二〇〇九年
佐藤研『はじまりのキリスト教』岩波書店、二〇一〇年
佐藤研『聖書時代史 新約篇』岩波現代文庫、二〇〇三年。山我哲雄・佐藤研『旧約新約聖書時代史』改訂第三版、教文館、二〇〇八年
シュヴァイツァー、アルベルト『使徒パウロの神秘主義』武藤一雄・岸田晩節共訳、『シュヴァイツァー著作集』第十巻・第十一巻、白水社、一九五七～五八年
シュヴァイツェル、アルベルト『イエスの生涯――メシアと受難の秘密』波木居齊二訳、岩波文庫、一九五七年
白川静『孔子伝』改版、中公文庫、二〇〇三年
白川静『字通』普及版、平凡社、二〇一四年
親鸞『歎異抄』改版、金子大栄校注、岩波文庫、一九八一年
田川建三『イエスという男』第二版（増補改訂版）、作品社、二〇〇四年
田中嫺玉『インドの光――聖ラーマクリシュナの生涯』中公文庫、一九九一年
ディケンズ、チャールズ『クリスマス・キャロル』脇明子訳、岩波少年文庫、二〇〇一年
トマス・アクィナス『神学大全 十九』稲垣良典訳、創文社、一九九一年
中村元『インド思想とギリシア思想との交流』春秋社、一九五九年
バルト、カール『イスカリオテのユダ――神の恵みの選び』川名勇編訳、新教出版社、一九六三年
バルト、カール『教義学要綱』井上良雄訳、『カール・バルト著作集』第十巻、新教出版社、一九六八年
藤村和義訳「アンデレ行伝」、荒井編『新約聖書外典』所収
ブラウン、ピーター『アウグスティヌス伝』全二巻、出村和彦訳、教文館、二〇〇四年
フロイト、ジークムント『夢判断』全二巻、高橋義孝訳、新潮文庫、一九六九年

ベイリー、ケネス・E『中東文化の目で見たイエス』森泉弘次訳、教文館、二〇一〇年

ベルナノス、ジョルジュ『月下の大墓地』高坂和彦訳、白馬書房、一九七三年

松長有慶『密教』岩波新書、一九九一年

八木誠一訳「トマスによるイエスの幼時物語」、荒井編『新約聖書外典』所収

矢内原忠雄「再刊に際して」、矢内原忠雄編『藤井武全集』第一・二巻、藤井武全集刊行会、一九三九年所収。改題「第二次全集序文」、『藤井武全集』第一巻、岩波書店、一九七二年所収

柳宗悦『南無阿弥陀仏』岩波文庫、一九八六年

『ユング自伝』全二巻、河合隼雄・藤縄昭・出井淑子訳、みすず書房、一九七二年

ヨセフス、フラウィウス『ユダヤ古代誌』全六巻、秦剛平訳、ちくま学芸文庫、一九九九〜二〇〇〇年

ヨセフス、フラウィウス『ユダヤ戦記』全三巻、秦剛平訳、ちくま学芸文庫、二〇〇二年

リルケ、ライナー・マリア『ドゥイノの悲歌』改版、手塚富雄訳、岩波文庫、二〇一〇年

『リルケの言葉』新装版、高安国世訳編、彌生書房、一九九一年

リルケ、ライナー・マリア『ロダン』改版、高安国世訳、岩波文庫、一九六〇年

リルケ、ライナー・マリア『若き詩人への手紙・若き女性への手紙』高安国世訳、新潮文庫、一九五三年

渡辺一夫『フランス・ルネサンスの人々』新装復刊、白水社、一九九七年

【ラ行】

【ワ行】

【マ行】

【ヤ行】

【ナ行】

【ハ行】

【サ行】

【タ行】

人名索引

『イエス伝』　二〇一五年十二月　中央公論新社刊

中公文庫

イエス伝《でん》

2023年1月25日　初版発行

著　者　若《わか》松《まつ》 英《えい》輔《すけ》

発行者　安部 順一

発行所　中央公論新社

〒100-8152　東京都千代田区大手町1-7-1
電話　販売 03-5299-1730　編集 03-5299-1890
URL https://www.chuko.co.jp/

DTP　市川真樹子
印　刷　三晃印刷
製　本　小泉製本

Published by CHUOKORON-SHINSHA, INC.
Printed in Japan　ISBN978-4-12-207313-5 C1116

定価はカバーに表示してあります。落丁本・乱丁本はお手数ですが小社販売部宛お送り下さい。送料小社負担にてお取り替えいたします。

い-25-7
ロシア的人間 新版
井筒俊彦
千変万化するロシアの根底にあって多くの人を魅了する魂のロシアとは何か。十九世紀ロシア文学作家たちの精神史を通し、その本質に迫る。〈解説〉佐藤 優
207225-1

え-10-7
鉄の首枷 小西行長伝
遠藤周作
苛酷な権力者太閤秀吉の下、世俗的野望と信仰に引き裂かれ、無謀な朝鮮への侵略戦争で密かな和平工作を重ねたキリシタン武将の生涯。〈解説〉末國善己
206284-9

え-10-8
新装版 切支丹の里
遠藤周作
基督教禁止時代に棄教した宣教師や切支丹の心情に強く惹かれた著者が、その足跡を真摯に取材し考察した紀行作品集。〈文庫新装版刊行によせて〉三浦朱門
206307-5

カ-2-2
ガンジー自伝
マハトマ・ガンジー
蠟山芳郎訳
真実と非暴力を信奉しつづけ、祖国インドの独立に生涯を賭したガンジー。民衆から聖人と慕われた偉大なる魂が、その激動の生涯を自ら語る。〈解説〉松岡正剛
204330-5

し-20-5
漢字百話
白川　静
甲骨・金文に精通する著者が、漢字の造字法を読み解き、隠された意味を明らかにする。現代表記には失われた、漢字本来の姿が見事に著された好著。
204096-0

し-20-6
初期万葉論
白川　静
それまでの通説を一新した、碩学の独創的万葉論。人麻呂の挽歌を中心に古代日本人のものの見方、神への祈りが、鮮やかに立ち現れる。待望の文庫化。
204095-3

し-20-7
後期万葉論
白川　静
『初期万葉論』に続く、中国古代文学の碩学の独創的万葉論。人麻呂以降の万葉歌の諸相と精神の軌跡を描き、文学の動的な展開を浮かび上がらせる。
204129-5

し-20-9
孔子伝
白川　静
今も世界中で生き続ける「論語」を残した哲人、孔子。挫折と漂泊のその生涯を、史実と後世の恣意的粉飾とを峻別し、愛情あふれる筆致で描く。
204160-8

各書目の下段の数字はISBNコードです。978－4－12が省略してあります。

し-20-10
中国の神話
白川 静

従来ほとんど知られなかった中国の神話・伝説を、豊富な学識と資料で発掘し、その成立＝消失過程を体系的に論ずる。日本神話理解のためにも必読。

204159-2

ニ-2-3
ツァラトゥストラ
ニーチェ
手塚富雄訳

近代の思想と文学に強烈な衝撃を与え、今日なお予言と謎に満ちたニーチェの主著を格調高い訳文と懇切な訳注で贈る。〈巻末対談〉三島由紀夫・手塚富雄

206593-2

ほ-19-1
正統と異端 ヨーロッパ精神の底流
堀米庸三

キリスト教会をめぐる様々な異端抗争を解明し、ヨーロッパ人の精神的形成に大きな影響を与えた、宗教と政治の緊張関係を劇的に再現する。〈解説〉樺山紘一

205784-5

ま-9-5
理趣経
松長有慶

セックスの本質である生命力を人類への奉仕に振り向け、無我の境地に立てば、欲望は浄化され清浄となる。明快な真言密教入門の書。〈解説〉平川 彰

204074-8

ま-9-6
密教とはなにか 宇宙と人間
松長有慶

密教学界の最高権威が、インド密教から曼荼羅への展開、真言密教の原理、弘法大師の知恵、密教神話から密教の発展、思想と実践についてやさしく説き明かす。

206859-9

や-54-1
キリスト教入門
矢内原忠雄

内村鑑三の唱えた「無教会主義」の信仰に生き、東大総長を務めた著者が、理性の信頼回復を懇願し教義を解き明かした名著を復刻。〈解説〉竹下節子

205623-7

や-54-2
イエス伝 マルコ伝による
矢内原忠雄

イエスが神の子であるのは、奇跡ではなく真実と愛に基づくものである。四福音書の中で最も古いイエス伝を平易に解説。著者による「キリスト教早わかり」付。

206772-1

や-20-2
蒐集《しゅうしゅう》物語
柳 宗悦

民芸運動を創始し、「日本民藝館」を創立した著者が、蒐集に対する心構えとその要諦を、豊富なエピソードとともに解き明かす名エッセイ。〈解説〉柳 宗理

205952-8